KB004337

벌거벗은
재벌님

위기의 한국 경제와 재벌개혁, 올바른 해법을 찾아서

벌거벗은 재벌님

박상인 (서울대학교 행정대학원 교수) 지음

창해

대학 시절에 경제학을 전공하면서 품었던 문제의식 중 하나가 '과연 주류 경제학이 한국의 경제 발전과 현실을 설명할 수 있는가?'라는 것이었다. 낮에는 학교에서 주류 경제학 수업을 듣고 밤에는 선배들에게서 마르크스주의 경제학을 배우는 이중생활(?)을, 1980년대에 대학 시절을 보낸 내 또래 사람들은 흔히 경험하였다. 그런데 대학 3학년 때 이르러, 이런 이중생활을 청산하자고 결심하게 되었다. 주류 경제학을 전공할지 또는 마르크스주의 경제학을 전공할지 결정해야 한다는 생각과 더불어 이런 결정을 하기 위해서는 학교에서 체계적으로 배우는 주류 경제학 외에 마르크스주의 경제학을 더 심도 있게 공부해야 한다고 느꼈다. 그래서 뜻을 같이하는 친구들과 마르크스의 『자본론』을 통독하는 독서 모임을 만들었다. 독일어 원서를 읽을 능력이 안 되어 부득이 영문 번역본을 읽었는데, 40여 명으로 시작된 모임은 3년간 지속되었고, 결국 10명 정도가 『자본론』을 통독하였다. 『자본론』을 통독하고 주류 경제학에 대한 지식도 어느 정도 축적된 때가 대학원 석사 1학년 시절이었는데, 이때 나는 비로소 주류 경제학을 전공하고 연구해 보기로 결심을 굳혔다. 한국 경제 발전과 경제 현실을 주류 경제학 교과서를 그대로 적용해 이해할 수 없는 것은 주류 경제학 자체의 문제가 아니라, 주류 경제학의 원리를 한국의 현실에 맞는 이론으로 재구성하지 못한 한국 경제학자들의 한계 때문이지 않을까 하는 생각을 하게 된 것이었다. 주류 경제학의 원리를 좀 더 심도 있게 공부하기 위해 미국 유학도 결심하게 되었다.

미국에서 박사과정 학생으로 또 대학교수로 12년을 보내고, 우연한 기회로 서울대학교 행정대학원에 부임했다. 경제학 전공에 경제학과 교수였고, 행정대학원과는 아무런 인연이 없던 내가 행정대학원으로 자리를 옮기기로 결심한 것은 정부에 대해 배우고 연구할 기회가 있을 것이라는 기대에서였다. '경제 발전 단계에 따른 시장과 정부의 역할과 범위'라는 프레임으로 한국의 경제 발전과 당면 문제를 주류 경제학의 원리를 이용해 이해하고 설명할 수 있을 것이라 믿으며, 이런 연구를 본격적으로 할 요량으로 2003년 여름에 귀국했다. 그런데 2006년 봄, 당시 공정거래위원회 위원장이던 권오승 서울대학교 법대 교수님께서 재벌 규제를 전면적으로 재검토하는 연구 용역을 부탁하셨고, 경제학자와 법학자로 구성된 연구팀에서 연구를 책임지고 수행하게 되었다. 한국 경제를 본격적으로 연구해 보고

싶었던 나는 재벌 문제에 늘 관심을 가지고 있었으나, 재벌 규제라는 정책 과제를 심도 있게 연구해 보지는 못했다. 그런데 이 연구 용역을 통해 비로소 재벌 문제에 대한 기존의 나의 이해가 얼마나 피상적이었는지를 알 수 있게 되었다.

연구 용역은 순환출자 금지와 지주회사제도로의 전환 유도와 같은 재벌 지배구조 개선 정책과 경제력 집중 억제를 위한 출자 규제 정책 등을 제시하였다. 2006년 가을 우리의 연구 결과가 언론을 통해 알려지면서, 순환출자 규제 문제가 처음으로 심각한 정책 문제로 부상했다고 생각한다. 그러나 순환출자 금지라는 재벌 지배구조 개선안은 받아들여지지 않았고, 오히려 출자총액제한제도를 완화하는 것으로 귀결되었다. 재벌에게 실질적으로 영향을 줄 수 있는 규제의 시행이 얼마나 정치적으로 어려운 일인지 실감할 수 있었다. 순환출자 금지를 포함한 재벌 규제 개선안에 대해서 연구팀 내에서도 부담을 느낀다고 토로한 사람이 있었고, 결국 시행되기 어려운 정책 대안을 공정거래위원회가 주장하다가 공정거래위원회만 곤란한 처지에 놓일 수 있다고 반대한 공정거래위원회 관료들도 있었다. 당시 공정거래위원회 위원장이던 권오승 교수님이 이런 반대에도 불구하고 개선안을 지지해 주셨으나, 일부 관료가 예상했던 대로 공정거래위원회 위원장의 의지만으로는 재벌 규제 정책이 시행될 수 없었다. 결국 선택은 노무현 당시 대통령의 몫이었다.

8개월 정도 의욕적으로 연구하고 제언했던 재벌 규제 개선안이 물거품이 되고는 한동안 실의에 빠졌다. 그러나 나 역시 재벌 문제에 대한 체계적인 연구가 부족했으며, 체계적인 연구가 뒷받침되지 않은 상태에서 사회적 파장이 큰 정책 변화를 정치인들이 실행할 것이라고 기대하는 것 역시 어불성설임을 깨달았다. 2009년쯤부터 다시 체계적으로 재벌 문제를 공부하기 시작했고, 올해 초에 여러 경로를 통해 연구의 줄기를 이야기할 기회들이 있었다. 그런데 한 세미나에서 재벌개혁에 대한 주제 발표를 들은 재벌 임원 두 명이 내게 한 말은 충격적이었다. "학술적으로 연구만 하신다면 뭐……", "교수님이 그러신다고 뭐가 바뀔 것 같습니까?"

전문가 집단의 토론만으로는 재벌 문제와 같은 중요한 사회문제가 해결될 수 없으며, 결코 정치인을 포함한 이해 당사자가 설득되지 않는다는 점도 알게 되었다. 결국 국민이 이 문제를 정확히 이해하지 않고서는 재벌개혁은 가능하지 않다는 점도 깨닫게 되었다.

재벌 문제와 재벌개혁은 결코 단순한 문제가 아니다. 그래서 재벌 문제의 핵심을 흐리고 국민을 호도하는 것이 쉬운지도 모르겠다. 사실 2009년 이후 재벌 문제를 체계적으로 연구하면서, 재벌세습과 부당내부거래가 얼마나 밀접하게 관련되어 있으며 현행 지주회사제도의 맹점이 얼마나 심각한 문제인지를 나 역시 깨달을 수 있었다.

이 책은 재벌 문제의 핵심인 재벌세습과 경제력 집중 문제를 설명하고자 한다. 차분히 이 책을 읽는다면, 재벌 문제의 본질을 명확히 볼 수 있을 것이라고 기대한다. 그리고 재벌개혁은 불가능한 것도 아니고, 또 개혁을 위한 구체적 정책 대안도 존재한다는 점도 이해할 수 있다. 재벌개혁은 최고 정책 결정자의 의지로 실행 가능하다. 그러나 정책 실행에 이르기까지는 많은 이해 당사자의 반대와 발목 잡기를 뿌리칠 수 있어야 한다. 그런 반대와 발목 잡기를 뿌리칠 수 있기 위해서는 깨어 있는 국민 다수의 지지와 압력이 필수적이다.

18대 대통령 선거가 한창 진행되는 정치적 격변기를 맞이하여 경제민주화에 대한 논의가 그 어느 때보다 진지하다. 아마 대선 이후에도 경제민주화라는 화두는 여전히 위력을 발휘할 것이다. 부디 이 책을 통해, 재벌세습과 경제력 집중의 문제가 해결되지 않고서는 경제민주화도 정치 민주주의도 허황된 말장난과 표를 얻기 위한 정치적 수사임을 알 수 있기를 희망한다. 재벌 문제의 핵심을 비껴가기 위한 수많은 요설이 국민의 눈과 귀를 가리고 있다. 여야를 막론하고 각 진영에서 부르짖는 경제민주화라는 구호조차도 어쩌면 재벌 문제의 핵심을 덮어버리는 것이 될지도 모른다. 경제민주화와 재벌개혁의 관계를 분명히 인지하고 또 향후 재벌개혁이라는 이름의 정책이 진정 재벌개혁을 위한 정책인지를 감시하기 위해서도, 재벌 문제와 재벌개혁을 정확히 아는 다수의 국민이 꼭 필요하다. 이 책이, 마치 '임금님이 벌거벗었다'고 외친 아이 때문에 백성들이 진실을 바라볼 수 있었던 우화에서처럼, 재벌 문제와 재벌개혁에 대한 진실을 국민이 맑은 눈으로 바라볼 수 있는 계기가 되었으면 한다.

이 책이 출간되기까지 도서출판 창해 전형배 사장의 도움이 컸다. 전 사장은 책의 구성과 세밀한 편집에 이르기까지 많은 조언을 해주셨다. 창해를 통해 책이 출판될 수 있도록 조언과 격려를 아끼지 않은 언론재단의 조영현 부장께도 지면으로나마 감사의 말씀을 드린다. 마지막으로, 원고를 쓰는 동안 불평 없이 뒷바라지해 주고 또 원고도 꼼꼼히 읽으면서 많은 제언을 해준 아내 황보경이 없었다면 이 책을 마칠 수 없었음을 고백하며, 사랑과 감사의 말을 전하고 싶다.

2012년 11월
관악에서 박상인

일러두기

본문에 사용된 출자구조도의 범례는 아래와 같다.

출자구조도 범례

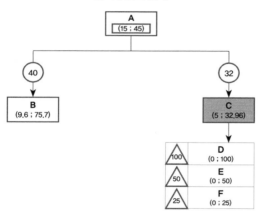

	총수일가의 지분율이 15%임.	;	내부지분율이 45%임.
	(동일인, 혈족, 인척 지분율의 총합)		(총수일가, 비영리법인, 임원, 자기주식, 계열회사 지분율의 총합)

○　　B에 대한 A의 지분율이 40%, C에 대한 지분율이 32%임.

△　　D, E, F 각각에 대한 C의 지분율이 100%, 50%, 25%임.

▨　　음영은 지주회사를 의미함.

* 자료 출처 : 공정거래위원회 대규모기업집단 정보공개시스템(OPNI)

02 벌거벗은 재벌님

03 재벌개혁 왜 필요한가?

04 재벌개혁
어떻게 할 것인가?

05 재벌개혁
무엇을 어떻게
바꿀 것인가?

part 01

재벌 문제와
'신하'들의 요설

'벌거벗은 임금님'이라는 동화를 처음 읽었을 때, 사람들이 임금님이 벌거벗은 것을 보고도 잘못 본 것으로 치부하거나 멋진 옷을 입었다고 말하는 것이 이해되지 않았다. 벌거벗은 사람이 눈앞에 있으면 벌거벗었다는 사실이 너무나도 명백한데, 벌거벗지 않았다고 말할 수 있는 사람이 과연 있을까 하는 의문이 어린 마음에 들었던 것이다.

재벌개혁과 경제민주화가 대선 국면에서 중요한 화두로 떠올랐다. 재벌 문제가 무엇인지, 재벌개혁과 경제민주화가 어떻게 연관되는지, 또 재벌개혁을 어떻게 할 것인지에 대해 많은 말들이 오가고 있다. 그런데 이런 재벌개혁 논란을 접하면서 나는 비로소 '벌거벗은 임금님' 우화를 이해할 수 있게 되었다. 재벌 문제가 무엇인지 알고도 그게 문제라고 말하는 것이 자신의 이익과 부합되지 않은 '신하'들은 보고도 못 본 것처럼 행동하거나 재벌 문제를 다른 문제로 탈바꿈시켜 자신이 보고 있는 것은 벌거벗은 임금님이 아니라고 주장하고, 또 '백성'들은 그런 신하들의 요설과 그들이 조장하는 막연한 공포에 결국 임금님이 벌거벗었다고 말하지 못하거나 자신이 잘못 보고 있다고 착각하는 것이 오늘날 우리 현실이 아닐까? 그러나 벌거벗은 것을 벌거벗었다고 이야기하는 '아이'가 있어 임금님이 벌거벗었다는 사실을 백성들이 명확히 인지함으로써 결국 모두가 '벌거벗은 임금님'을 선명히 볼 수 있었듯이, 너무나도 명백한 재벌 문제를 국민들이 명확히 인식하는 것이야말로 재벌개혁의 초석이 될 것이라 믿으며 이 글을 시작한다.

1 경제민주화와 재벌 문제

대통령 직선제를 주요 내용으로 한 1987년 제9차 헌법 개정에 이른 바 '경제민주화' 조항이라고 불리는 제119조 제2항이 도입되었다. 당시 대통령 직선제 도입은 정치민주화의 상징이었으며 제도화였다. 정치민주화를 위한 헌법 개정에 경제민주화 조항이 함께 도입된 것은 경제민주화와 정치민주화의 상호 의존성에 대한 인식이 반영되었던 것이 아닐까 생각한다. 헌법에 경제민주화 조항이 채택되기 1년 전인 1986년에는, 공정거래법('독점 규제 및 공정 거래에 관한 법률'을 줄인 말) 제1차 개정을 통하여 재벌의 경제력 집중 억제책들이 도입되었다.

주지하듯이, 1960년대 이후 정부 주도–재벌 중심의 경제개발 전략은 한국 경제가 저개발 상태에서 탈출해 지속적인 고도성장을 달성하는 데 중요한 역할을 하였다. 그러나 재벌 위주의 경제 성장은 재벌의 경제력 집중이라는 문제를 낳았으며, 이런 경제력 집중 문제를 해소하기 위해 1986년 공정거래법 개정과 1987년 헌법 개정 때 경제민주화 조항이 도입된 것이다. 1987년 헌법 개정 이후 오늘에 이르기까지 정치민주화는 큰 진전을 이룩하였다. 그러나 경제민주화 조항이 헌법에 도입된 지 25년, 그리고 경제력 집중 억제책들이 공정거래법에 도입된 지 26년이 지난 2012년 현재 경제민주화와 재벌 개혁은 여전히 제대로 실천되지 못하고 있다. 오히려 재벌의 경제력 집중은 심화되고, 재벌에 대한 규제는 더욱 완화되고 있는 실정이다. 지난 2005년 5월 16일 당시 노무현 대통령은 "권력은 이제 시장에 넘어간 것 같다"라고 발언한 적이 있는데, 이 발언은 사실상 권력이 '재벌의 수중'으로 넘어간 것 같다는 의미로 받아들여졌다. 재벌 문제의 심화는 1987년 이후 성취한 정치 민주주의의 형해화마저 야기할 지경에 이르렀다.

재벌 총수 일가의 지배권 세습과 재벌의 경제력 집중이라는 악순환이 지속되면서, 재벌 총수 일가를 중심으로 한 사회적, 경제적 지위의 계급화가 초래되고 있다. 사람들이 자신의 경력 관리와 자식의 장래를 생각하는 것은 인지상정이다. 법조계, 정치계, 관계, 언론계, 학계의 유력 인사도 마찬가지다. 그러니 그들도 유혹에 빠지기 쉽다. 자식과 친인척의 취업이나 사업과 관련된 부탁도 할 수 있다. 퇴임 이후 사건 수임에 혜택을 받고, 취업도 알선받고, 사외 이사도 하며, 연구비 지원도 받고, 문화 재단 이사장이 되기도 하는 등 많은 혜택을 기대할 수 있다. 이른바 사회 지도층이 재벌과 검은 거래를 할 유혹에 빠질 수 있는 것이다. 재벌 총수 입장에서도 나쁘지 않은 거래다. 예를 들어, 보다 유능한 직원 한 명을 채용해서 얻는 이득보다 이런 거래를 통해 재벌 총수 일가가 정치적, 경제적, 사회적 영향력을 확보해 얻는 이득이 더 클 수 있다. 재벌 총수 일가와 이른바 사회 지도층의 이런 거래는 우리 사회의 이익보다 재벌 총수 일가의 이익이 더 우선적으로 실현되는 사회 구조가 만들어지고 있음을 의미한다. 따라서 재벌의 지배권 세습과 경제력 집중의 심화는 재벌 총수 일가의 이익을 우선시하는 형해화된 '사이비' 시장경제를 낳고, 사회·경제적 지위의 계급화를 동반한다. 형해화된 '사이비' 시장경제체제와 사회적, 경제적 지위의 계급화는 궁극적으로 정치 민주주의의 형해화로 이어질 것이다. 따라서 재벌개혁은 정치 민주주의 기반의 공고화를 위해서도 필요하다.

이런 맥락에서, 현 시점에서 경제민주화와 재벌개혁에 대한 국민들의 요구가 그 어느 때보다 높은 이유를 이해할 수 있다. 그러나 경제민주화의 개념이나 재벌 문제의 본질에 대한 오해와 혼동이 있는 것 역시 현실이다. 이런 오해와 혼동은 경제민주화나 재벌개혁이 교과서적 이론을 바탕으로 제기된 문제라기보다는 현재 우리나라의 상황에서 비롯된 현실적인 문제이고 경제민주화나 재벌개혁으로 기득권을 잃을 수 있는 집단들이 문제의 핵심과 본질을 흐리면서 의도적으로 국민의 관심을 다른 쪽으로 돌리려 하기 때문에 발생한다. 따라서 경제민주화의 개념과 재벌 문제의 핵심을 정확히 이해하는 것이 오해와 혼동을 넘어, 이런 중차대한 시대정신을 정치적 구호가 아닌 이론적 근거를 가진 정책의 문제로 안착시키는 출발점이다.

경제민주화는 헌법이 지향하고 있는 기본 정신 중 하나이다. 경제민주화 조항이라고 불리는 헌법 제119조 제2항은 "국가는 균형 있는 국민 경제의 성장 및 안정과 적정한 소득의 분배를 유지하고, 시장의 지배와 경제력의 남용을 방지하며 경제 주체 간의 조화를 통한 경제의 민주화를 위하여 경제에 관한 규제와 조정을 할 수 있다"고 규정하고 있다. 따라서 경제민주화는 '균형 있는 국민 경제의 성장 및 안정', '적정한 소득의 분배', '시장의 지배 방지' 그리고 '경제력의 남용 방지'를 구현하고자 하는 것이다. 이런 경제민주화의 구현은 '건전한 시장경제체제'의 정립을 통해 가능하며, 재벌개혁은 건전한 시장경제체제 정립을 위한 선결 요건이다.

현재 우리 사회에서 재벌 문제의 핵심은 '총수가 있는 대기업 집단'에서 총수 일가의 불법·편법적 지배권 승계가 용인되도록 만드는 경제력 집중의 문제다. 재벌의 지배권 승계와 경제력 집중은 재벌 총수 일가의 사익 추구 행위의 결과다. 누구든 자신의 사회적, 정치적 영향력을 강화하고 부와 권력을 세습하고 싶은 욕구를 가진다. 그러나 이런 욕구가 항상 사회적으로 바람직한 결과를 가져오는 건 아니다. 사회 이익과 부합되지 않은 사익 추구 행위는 철저히 막고, 개인의 사익 추구라는 에너지의 발산이 사회에 긍정적인 결과를 가져올 수 있도록 유인하는 법과 제도를 확립하자는 게 시장경제체제다. 그런데 재벌의 지배권 승계와 경제력 집중은 시장경제체제의 근간이 되는 사유재산권, 법치주의, 주식회사 제도 등을 무력화시키고 있다. 여기서 사유재산권 보호에는 두 가지 차원이 있다. 먼저,

사회적, 경제적 지위가 비슷한 당사자 간의 사적 계약 등이 제대로 지켜지도록 보장하는 사유재산권 보호가 있다. 그러나 더 중요한 차원의 사유재산권 보호는 사회적, 경제적 약자가 지배 집단이나 파워 엘리트로부터 착취당하는 것을 막는 것이다. 실질적인 사유재산권의 보호는 사회 구성원이 혁신과 노력을 통해 성취한 정당한 대가를 보장받게 하고 더욱 혁신과 노력에 매진하도록 유인한다.

재벌의 지배권 승계와 경제력 집중은 계열사 간 또는 계열사와 총수 일가 간 출자와 내부거래, 기업 집단의 자금력을 이용한 문어발식 사업 영역 확장을 통해 이루어지고 있다. 이 과정에서 주식회사 제도의 근간을 부정하고 사회적, 경제적 약자인 소액 주주의 재산권을 침해하는 분식 회계*, 배임**, 횡령 등의 범죄가 저질러지고, 불법·편법적 탈세가 이루어진다. 시장경제체제의 근간을 위협하는 행위들을 규율하는 최종 수단은 사법적 강제이다. 그러나 현행 공정거래법의 미비로 부당내부거래, 기업 집단의 자금력을 이용한 문어발식 사업 영역 확장, 순환출자와 지주회사제도의 맹점을 이용한 출자

---

* 기업이 재무제표 상의 수치를 고의로 왜곡하는 방법으로 자산이나 이익을 부풀려 계산하는 회계 방식을 말한다. 이는 기업이 재정 상태나 경영 실적을 실제보다 좋게 보이게 하여 금융기관, 투자자, 일반 국민의 판단을 흐리게 하려는 의도를 가지고 있다. 분식결산이라고도 한다.

** 타인의 사무를 처리하는 자가 그 의무에 위반하는 행위로써 재산상의 이익을 취득하거나 제3자로 하여금 이를 취득하게 하여 본인에게 손해를 가하는 행위를 말한다(형법 제355조 제2항). 타인의 사무를 처리하는 자라 함은 그 사무를 처리하려는 원인이 법령에 의했건 계약에 의했건 또는 사무관리에 의했건 상관치 않으며 또 독립 고유의 권한에 의해 타인의 사무를 처리하는 자만에 한정되지 않는다. 타인의 보조자로서 사무의 처리를 취급한 경우도 포함된다. 그리고 처리하는 사무 역시 공적이냐 사적이냐를 묻지 않고, 재산상의 사무에 한정하지도 않으며 법률행위일 필요도 없다. (이종수, 『행정학사전』, 대영문화사, 2009)

구조의 자의적 변경 등과 같은 행위들이 제대로 규율되지 못한다. 이런 편법을 용인하는 법과 제도는 당연히 개선되어야 한다.

그러나 사법적 강제가 가능한 명백히 위법한 경우에도 법원은 집행 유예라는 솜방망이 처벌을 내림으로써 법치주의가 심각히 손상되고 있는 실정이다. 주지하듯이, 1,128억 원의 조세 포탈과 969억 원의 배임 등의 혐의로 기소되었던 이건희 삼성그룹 회장, 1,200억 원대의 횡령과 4,000억 원대의 배임 등의 혐의로 기소되었던 정몽구 현대차그룹(현대기아자동차그룹, 현대자동차그룹) 회장, 1조 5,000억 원대 분식 회계 등의 혐의로 기소되었던 최태원 SK그룹 회장, 286억 원의 횡령과 2,838억 원의 분식 회계 등의 혐의로 기소되었던 박용성 전 두산그룹 회장 등은 모두 징역 3년에 집행 유예 5년을 선고받은 바 있다. 재벌의 경제력 집중은 언론계, 법조계, 정치계, 관계, 학계에 대한 관리와 영향력 행사를 통해 사회의 이익과 부합되지 않은 재벌 총수 일가의 사익 추구 행위를 용인하게 만드는 것이다. 따라서 재벌개혁을 위해서는 재벌세습을 실질적으로 막을 수 있도록 법과 제도의 개정뿐만 아니라, 재벌의 경제력 집중의 해소와 공정한 법 집행을 위한 사법 개혁이 병행되어야 한다.

재벌개혁은 시장경제체제 정립의 선결 조건일 뿐 아니라, 경제력 집중의 억제라는 경제민주화 요건을 달성할 수 있는 주요 정책 수단이다. 재벌세습의 방지는 재벌 총수 일가의 경제력 집중에 대한 유인을 상당 부분 해소시킬 수 있다. 또한 재벌세습 방지를 위한 출자 구조 규제는 재벌의 경제력 집중을 직접적으로 억제하는 수단이 된다. 나아가 문어발식 확장 또는 기업 집단의 자금력을 이용한 불공정 거래 행위 등 통상적인 공정거래법 규율을 넘어서는 '시장의 지배'는 경제력 남용의 문제에서 비롯되므로, 재벌개혁과 함께 공정거래법의 엄중한 집행은 시장의 지배 방지라는 목적도 달성할 것으로 기대된다.

재벌개혁은 또한 공정한 경쟁과 기회를 보장하고 기득권자의 진입 장벽을 제거함으로써 '균형 있는 국민 경제의 성장 및 안정'을 위한 기본적인 산업 및 사회 구조를 조성하는 역할을 할 것이다. 그러나 '적정한 소득의 분배'와 '균형 있는 국민 경제의 성장 및 안정'이라는 경제민주화 요건의 달성을 위해서는 재벌개혁과 더불어 '건전한' 시장경제체제 정립을 위한 추가적인 정책들이 필요하다. 그런 정책의 핵심은 경쟁의 패자에게도 최소한의 인간다운 생활을 보장하는 사회적 장치라고 할 수 있으며, 이를 '복지 안전망'이라고 부를 수 있다. 한 가지 명심할 점은 이런 사회적 장치가 시장경제체제와 모순되지 않는다는 것이다. '건전한 시장경제체제'는 지속 가능하고 시민의 참여와 지지를 받을 수 있는 체제이다. 이런 의미에서, 건전한 시장경제체제는 복지 안전망이라는 사회적 장치를 마련하고 있어야 한다. 그리고 시장경제체제의 논리로부터 이러한 사회적 장치를 체제 내에 포괄하는 것이 바람하다는 결론을 도출할 수 있다.

경제학에 '파레토 개선Pareto Improvement'이라는 용어가 있다. 특정 자원 배분 상태에서 모든 사회 구성원의 만족도(즉, 효용)가 더 증가하거나 최소한 감소하지 않는 또 다른 자원 배분 상태로 이행할 때,

파레토 개선이 일어난다고 한다. 어떤 정책으로 인해 만족도가 증가한 구성원으로부터 만족도가 감소한 구성원으로 소득 재배분을 통해 파레토 개선이 일어난다면, 이런 정책은 바람직한 정책이라고 할 수 있다. 예를 들어 국제 무역 협정에 의해 농업과 같은 특정 부문의 사회 구성원의 만족도가 감소할 때, 이 협정에 의해 발생하는 이익의 일부를 농업 부문에 보상금으로 사용하는 경우가 흔히 있는데, 이런 소득 재분배 정책은 사회 전체의 만족도 총합의 증가를 파레토 개선이 일어나는 상태로 전환시키는 역할을 한다. 시장경제체제가 정립된 경우, 이런 논리가 정책의 정당성에 관한 논리라고 할 수 있다.

같은 맥락에서, 누구나 '인간다운 삶에 필요한 만큼'은 누려야 한다는 원칙은 (특정 정책이 아닌) 시장경제체제의 정당성에 관한 논리라고 유추 해석해 볼 수 있다. 계획경제체제 같은 대안적 체제 대신에 시장경제체제를 사회 구성원들이 선택한다면, 적어도 '인간다운 삶에 필요한 만큼'은 누릴 수 있다는 자원 배분 조건이 사회 구성원들의 지지를 얻기 위한 최소 기준이라고 판단할 수 있다. 즉, 공정한 경쟁에서 도태된 사회 구성원에게도 적어도 '인간다운 삶에 필요한 만큼'은 누릴 수 있는 제도를 만드는 것은 구성원들의 체제에 대한 지지도를 높이고 결국 체제의 안정을 가져온다. 따라서 '인간다운 삶에 필요한 만큼'은 누려야 한다는 원칙은 사회 통합과 안정이라는 공공재를 생산한다.

사실 시장에서 결정되는, 개인이 소유한 생산 요소(즉 노동과 자본)

의 사회 기여분은 절대적인 값이 아니라, 다른 사회 구성원이 어떤 생산 요소들을 얼마나 가지고 있는지, 또 소비자의 선호가 어떠한지에 따라 결정되는 상대적인 것이다. 예를 들어, 대중 가수나 스포츠 스타들의 재능에 대한 사회 기여분의 평가가 사회 환경의 변화에 따라 얼마나 바뀌어 왔는지를 생각해 보면, 생산 요소의 사회 기여분은 특정 사회에서 상대적으로 결정됨을 쉽게 알 수 있다. 따라서 현 체제로부터 가장 큰 혜택을 누리는 고소득자들이 사회 통합과 안정이라는 공공재 생산에 더 많은 지불 의사를 가진다고 가정하는 것은 합리적일 수 있으며, 누진세율에 기초한 소득세를 재원으로 하는 소득 재분배 정책이나 사회 복지 정책은 합리적인 사회적 선택이라고 할 수 있다.

경제민주화는 재벌개혁에서 시작되어 복지 안전망의 확립으로 달성될 수 있으며, 건전한 시장경제체제는 경제민주화와 정치 민주주의라는 헌법의 기본 가치들을 달성하기 위한 제도적 기반이다. 재벌개혁은 경제민주화의 선결 요건일 뿐 아니라, 헌법의 기본 가치인 민주주의와 시장경제체제의 확립을 위해서도 필요한 것이다. 이러한 맥락에서 재벌개혁을 통한 경제민주화의 실현은, 헌법 전문의 "자율과 조화를 바탕으로 자유 민주적 기본 질서를 더욱 확고히 하여 정치·경제·사회·문화의 모든 영역에 있어서 각인의 기회를 균등히 하고, 능력을 최고도로 발휘하게 하며, 자유와 권리에 따르는 책임과 의무를 완수하게 하여", 그리고 제1조의 "① 대한민국은 민주공화국이다. ② 대한민국의 주권은 국민에게 있고, 모든 권력은 국민으로부터 나온다" 그리고 제119조 제1항의 "대한민국의 경제 질서는 개인과 기업의 경제상의 자유와 창의를 존중함을 기본으로 한다" 등의 헌법 조문들과 조화를 이루고 있지 결코 모순되지 않는다는 것을 알 수 있다.

또한 재벌개혁과 경제민주화가 기업 집단의 해체를 목적으로 하는 것도 아니고 부(富)의 축적을 죄악시하는 것도 아님을 분명히 인지할 필요가 있다. 재벌개혁은 총수 일가의 역할이 건전한 주식회사 제도에서의 대주주의 역할로 전환되도록 만들 것이다. 황제 경영과 재벌세습이 불가능해진 상황에서 누가 회사의 경영을 맡는 것이 주주들의 이익과 가장 부합되는지를 고민한 결과, 대주주 일가의 일원이 경영을 맡는 결정이 내려질 수도 있고 전문 경영인이 경영을 맡는 결정이 내려질 수도 있다. 재벌 총수의 황제 경영과 세습이 불가능하도록 법과 제도가 구비된 경우에는, 기업이 가장 능력 있는 경영자에 의해 운영되어 가장 많은 이윤을 내는 것이 대주주 자신의 이익을 최대화하는 방법이며, 이런 맥락에서 누가 경영자가 되는가라는 결정의 결과는 사회적으로 수긍될 수 있다.

다른 나라의 자본주의 발달 과정에서 나타난 보다 일반적 현상은 전문 경영인이 회사의 경영을 맡고 대주주가 이사회를 통해 경영자의 사적 이익 추구를 통제하는 방식으로 자신의 이익을 최대화하는 방안을 선택하는 것이었다. 따라서 재벌개혁이 현 재벌 총수 일가의 대주주로서의 지위마저 박탈하자는 것은 절대 아니다. 오히려 소액 주주만으로 구성된 주식회사가 바람직하지 않을 수도 있다. 왜냐하면 경영자의 사익 추구를 통제하기 위한 개별 소액 주주의 노력과 비용이 그 노력과 비용으로 얻게 될 편익보다 클 수 있다. 그런 경우 경영자는 이른바 '주인 없는 기업'에서 또 다른 황제 경영을 일삼을 수 있다. 건전한 주식회사 제도가 작동하기 위해서는 경영자의 사익 추구를 견제할 수 있는 대주주와 기관 투자자 들이 필요하다. 재벌 개혁은 궁극적으로 부의 축적을 불법과 편법으로 여기는 사회의 시각을 바꾸는 계기가 될 것이며, 공정한 경쟁과 노력의 결과로서 부의 축적과 공평한 조세 부담을 통한 부의 승계를 사회적으로 인정받게 함으로써 건전한 자본주의 발달의 초석이 될 것이다. 재벌 총수 일가도 장기적인 관점에서 자신들의 이익과도 부합됨을 깨닫고 재벌개혁에 동참할 수 있어야 한다.

그러나 현실에서는 눈앞의 욕심이 앞서기 마련이다. 재벌세습과 경제력 집중을 통해 영향력 행사라는 눈앞의 탐욕은 재벌개혁을 좌초시키기 위한 온갖 요설을 퍼뜨리고 있다. 재벌개혁을 논하기 위해서는 재벌 문제를 명확히 인지하는 것이 우선인데, 재벌 문제의 핵심을 흐리려는 요설들을 정확히 분간하는 노력부터 시작해서 재벌 문제의 핵심을 보여 주는 사례들을 통해 재벌 문제를 아이의 맑은 눈으로 명확히 보도록 하자.

2 재벌 문제를 '재벌 문제가 아닌 것'으로 만드는 요설들

'재벌'은 '총수가 있는 대규모 기업 집단(또는 대기업 집단)'을 의미한다. 바꿔 말하자면, 총수가 없는 대규모 기업 집단도 존재하는데, 총수가 없는 이 대규모 기업 집단은 재벌이라고 부르지 않는다. 두 개 이상의 기업이 동일한 기업이나 동일 자연인에 의해 실질적으로 지배될 때, 이런 기업들을 묶어서 기업 집단이라고 부른다. 따라서 몇 개의 중소기업으로 구성된 소규모 기업 집단도 있다. 기업 집단의 자산 합계는 기업 집단의 규모를 정할 때 흔히 사용되는 법률적 기준인데, 공정거래위원회는 현재 '상호출자 제한 기업 집단'을 자산 합계 5조 이상의 기업 집단으로 지정하고 있다. 상호출자의 의미는 제4부에서 상세히 설명하기로 하겠다. 그런데 대규모 기업 집단이란 흔히 상호출자 제한 기업 집단 또는 상위 30대 기업 집단을 의미한다. 대규모 기업 집단 중에서 총수가 없는 대규모 기업 집단으로 한국전력

공사, 한국토지주택공사, 포스코, KT 등을 꼽을 수 있다. 총수가 있는 대규모 기업 집단인 재벌로는 삼성그룹, 현대차그룹, SK그룹, LG그룹 등을 들 수 있다. 결국 총수란 기업 집단을 실질적으로 지배하는 이건희 씨, 정몽구 씨, 최태원 씨, 구본무 씨 등과 같은 자연인을 의미하며, 총수 일가란 이런 자연인과 자연인의 친족을 말한다. 2010년에 공정거래위원회(공정위)가 지정한 대규모 기업 집단은 총 53개인데, 이 중 총수가 있는 대규모 기업 집단인 재벌은 35개이고, 한국전력공사와 한국토지주택공사를 포함한 공기업이나 준 정부 기관 집단은 8개, 포스코와 KT처럼 총수가 없는 민간 대규모 기업 집단은 10개이다.

'재벌 문제'의 핵심은 '총수가 있는 대규모 기업 집단'에서 총수 일가의 지배권 승계·강화와, 이런 불법·편법적 승계·강화가 사회적으로 용인되도록 만드는 경제력 집중의 문제다.

그렇다면 왜 총수 일가의 불법·편법적 지배권 승계·강화가 중차대한 사회적 문제인가? 불법 행위에 대해 단지 법 집행을 충실히 하면 되지 않을까?

총수 일가의 불법·편법적 지배권 승계·강화는 시장경제체제의 근간을 무너뜨리고 있으며 궁극적으로 사회적, 경제적 지위의 계급화와 정치 민주주의의 형해화를 가져올 수 있는 중차대한 문제이다. 시장경제의 근간을 무너뜨릴 정도의 경제력 집중이 심각한 상황에서 단지 법 집행을 충실히 하기만 하면 된다는 것은 '눈 가리고 아웅' 하는 요설이다. 재벌 문제가 왜 심각하고 중대한 경제적, 정치적,

사회적 문제인지에 대해서는 제2부와 제3부에서 상세히 살펴보기로 하고, 이처럼 중대한 재벌 문제를 '재벌 문제가 아닌 것'으로 오도하는 '신하'들의 요설과 그들이 조장하는 공포를 먼저 이야기해 보기로 하자.

재벌 문제를 대기업의 장단점으로 둔갑시키는 요설

'삼성에게 좋은 것이 한국에도 좋은 것인가?'라는 질문이 재벌개혁 관련 토론회에서 화두로 던져진 적이 있다. 미국의 자동차 회사인 GM이 잘나가던 1955년, 당시 회장이던 찰리 윌슨Charlie Wilson이 'GM에게 좋은 것은 미국에도 좋다What is good for General Motors is good for America'라고 호언한 것에 빗대어 한 질문이다. 그런데 GM과 삼성을 비교하는 이 질문 자체에 '재벌 문제'에 대한 혼동이 내포되어 있다. 나는 이 질문을 던진 분에게 되물었다. '삼성'이 '삼성전자'를 염두에 둔 표현인가, '삼성그룹' 또는 '삼성그룹의 총수 일가'를 의미하는가?

GM에게 좋은 것 대부분이 미국에도 좋은 것이었을 것이다. GM이 질 좋은 자동차를 싸게 판매하고 많은 노동자를 고용한다면, 미국인에게 좋은 것이고 따라서 미국에도 좋은 것이다. 그러나 GM에게 좋은 것이 항상 미국에게 좋은 것일 수는 없다. 예를 들어, GM이 시장 지배적 지위를 남용하거나 다른 경쟁사들과 담합하는 불공정 경쟁 행위를 한다면, GM에게는 좋을 수 있으나 미국에게는 좋은 것이 될 수 없다. 'GM' 대신에 '삼성전자'를, '미국' 대신에 '한국'을 대입해도 같은 이야기를 할 수 있다.

그러나 재벌개혁과 직접 관련된 질문은 '삼성전자에게 좋은 것이 한국에도 좋은 것인가?'가 아니라, '삼성그룹의 총수 일가에 좋은 것이 한국에도 좋은 것인가?'라는 질문이다. 왜냐하면 '재벌 문제'의 핵심은 총수 일가의 불법·편법적 지배권 승계·강화가 사회적으로 용인되도록 만드는 경제력 집중 문제이기 때문이다. 불법·편법적 지배권 승계·강화는 재벌 총수 일가에는 당연히 좋은 것이다. 그러나 이런 불법·편법적 지배권 승계·강화와 경제력 집중은 재벌 총수 일가에게만 좋은 것일 뿐이지 한국에 좋은 것일 수는 없다.

재벌 문제의 핵심을 흐리고 재벌 문제를 재벌 문제가 아닌 것으로 둔갑시키는 첫째 요설이 바로 재벌 문제를 대기업 문제로 몰고 가는 것이다. 실제로 지난 10여 년간 재벌 문제는 대규모 기업 집단 문제로, 궁극적으로 대기업 문제로 둔갑되었다. 예를 들어, 재벌의 순기능으로 규모의 경제, 국제 경쟁력, 국위 선양, 중장기적 경영 전략 등을 들면서 그 역기능에도 불구하고 재벌이 우리 경제에 긍정적 기여를 하고 있음을 강조하기도 한다. 그러나 이른바 재벌의 순기능이라는 예시는 삼성전자나 현대자동차와 같은 '대기업'의 장점에 관한 것이지 삼성그룹이나 현대차그룹과 같은 '대규모 기업 집단'에 관한 것이 아니다. 하물며 총수가 있는 대규모 기업 집단인 재벌의 고유 문제는 더더욱 아니다. 재벌을 대기업으로 둔갑시키는 주장들 때문에 국민들은 재벌이라는 말을 들을 때 삼성그룹이나 현대차그룹이 아니라 삼성전자나 현대자동차를 연상한다.

그렇다면 재벌개혁이 대기업의 장점을 없애는 역기능을 할 것인가? 재벌개혁의 핵심은 계열사 간의 거래나 계열사와 총수 일가 간의 거래에 대한 규제와 재벌 계열사 간 출자 구조 개선에 있는 것이지, 개별 대기업의 규모나 사업을 제한하거나 하나의 대기업을 중소기업으로 분할하자는 것이 아니다. 사실 개별 대기업에 대한 규제는 이미 공정거래법이나 회사법(상법 제3편 회사의 규정) 등에서 이루어지고 있기도 하다.

재벌개혁은 오히려 개별 대기업에게도 좋은 것이 될 수 있다. 시장경제의 근간을 흔드는 재벌 총수의 범법 행위를 막고 건전한 시장경제체제를 확립하는 것은 개별 기업의 이미지 향상에 도움이 되고, 공정한 경쟁 환경에서 기업이 국제 경쟁력을 가질 수 있는 중장기적 경영 전략을 고민하게 만들 것이다. 또 국가적 차원에서는, 개별 기업의 실패가 국민 경제의 실패로 귀결되는 것이 아니라, 보다 경쟁력 있는 기업의 탄생으로 연결될 수 있는 산업 환경을 조성할 것이다. 재벌개혁은 근본적으로 총수 일가에만 좋고 한국에는 좋지 않은 것들을 법으로 철저히 막고, 한국에게 좋을 수 있는 것들 중에서만 총수 일가가 선택할 수 있도록 허용하자는 것이다. 따라서 재벌개혁은 한국과 한국 국민에게 당연히 좋은 것이다.

재벌 문제의 초점을 중소기업 문제로 돌리는 요설

재벌 문제와 대기업 문제의 혼돈은 대기업과 중소기업의 상생 문제나 하청 문제로도 표출된다. 우리 경제에서 재벌 또는 대규모 기업 집단에 소속되지 않은 대기업을 찾기 어렵다. 그러나 대기업이 반드시 대규모 기업 집단에 속해야 되는 것은 아니다. 따라서 대기업-중소기업 상생 문제나 하청 문제는 재벌 또는 대규모 기업 집단의 존재를 전제로 하는 것은 아니라는 점에서 재벌 문제와는 근본적으로 별개의 문제이다.

물론 재벌의 경제력 집중으로 인해 중소기업이나 자영업자 들이 어려움을 겪고 있다. 예를 들어, 재벌 총수 일가의 지배권 승계와 강화 과정에서 계열사 간의 일감 몰아주기가 발생하고, 이런 일감 몰아주기는 경쟁 중소기업들에게서 사업 기회를 빼앗을 뿐 아니라 중소기업이 하도급 사업자로 자리매김하도록 강요하는 역할을 한다. 또한 재벌 총수 일가의 부의 승계 과정에서 골목 상권과 관련된 사업체를 방계 가족에게 지원하는 일도 벌어지고 있다. 이런 문제점들은 재벌의 불법·편법적 지배권 승계·강화를 위한 부당내부거래에 대한 규제와 대규모 기업 집단의 자금력을 이용한 불공정 행위에 대한 규제를 통해 해소될 수 있다. 따라서 재벌개혁은 대기업-중소기업 문제나 골목 상권 붕괴라는 문제 해결에도 도움이 될 수 있다. 또한 건전한 시장경제체제의 정립을 통해 양극화 문제를 근본적으로 다룰 제도적 기반을 제공한다.

그러나 재벌개혁만으로 중소기업이나 자영업자 들이 당면해 있는 어려움이나 경제 양극화 문제가 모두 해결되지는 않는다. 이 문제들은 승자 독식이 이루어지는 기술적, 경제적 환경의 변화, 세계화와 경제 개방의 영향, 물가와 환율에 대한 정부 정책의 실패, 사회적, 경제적 약자의 재산권이 제대로 보장되지 않는 법 집행의 문제, 은퇴 후 생활이 보장되지 않는 연금 제도 등 보다 다양한 요인들에 의해 발생되었다. 자영업의 붕괴, 대기업-중소기업 문제, 양극화 문제가 덜 중요하다는 의미도 아니며, 어쩔 수 없는 문제라는 말도 아니다. 이 심각한 경제적, 정치적, 사회적 문제가 재벌개혁만을 통해서 모두 해결될 수 없으며, 이 문제의 해결을 위해서는 재벌개혁과는 별도의 정책적 처방이 필요함을 강조하는 것이다. 이런 정책 처방의 핵심 내용은 건전한 시장경제체제의 정립을 위한 복지 안전망임을 제1장에서 살펴본 바 있다.

그런데 재벌 문제에 대한 명확한 인지라는 맥락에서 중요한 점은 대기업-중소기업 문제나 사회 양극화와 같은 중차대한 사회적, 경제적 문제를 이용해 재벌 문제를 재벌 문제가 아닌 것으로 둔갑시키려는 시도를 경계해야 한다는 것이다. 이런 요설의 핵심은 바로 재벌 문제의 초점을 중소기업 지원 문제로 돌리는 것이다. '신하'들은 잘나가는 재벌들을 정부가 규제해서는 안 되고 정부는 중소기업이 대기업으로 성장할 수 있도록 지원하는 역할을 수행해야 한다고 주장한다. 이런 주장은 재벌을 대기업으로 둔갑시키는 전제를 달고 있다는 점에서 재벌개혁의 논점을 흐리는 주장일 뿐 아니라, 경제개발

시기처럼 정부가 지원하고 육성하면 기업을 대기업으로 키울 수 있다는 시대착오적 사고를 바탕으로 하고 있다.

이와 반대로, 중소기업이 중견 기업으로, 그리고 다시 대기업으로 성장하는 경우를 찾아보기 어려운 것이 중소기업 지원과 보호의 혜택이 너무 매력적이어서 발생하는 '중소기업 피터팬 증후군'* 때문이라는 '신하'들의 요설도 있다. 종소기업 지원 정책의 문제점은 어느 정도 인정할 수 있는 부분이 있다. 그러나 '중소기업 피터팬 증후군' 주장은 본말 전도의 요설이다. 중소기업의 성장을 가로막는 주요 장애 요인은 재벌 위주의 경제 구조이다. 재벌개혁은 궁극적으로 재벌의 경제력 집중을 해소함으로써 산업의 진입과 퇴출 장벽을 낮추고 공정한 경쟁을 통해 국민 경제의 활력을 찾자는 것이며, 이러한 공정한 경쟁을 통해 자생력을 가진 중소기업이 성장할 수 있는 환경을 만들자는 것이다.

중소기업 문제, 자영업 문제 그리고 양극화 문제는 매우 중요한 당면 문제이다. 재벌개혁은 이런 문제들을 해결하는 데에도 필요한 조건이다. 그러나 재벌 문제의 핵심을 흐리고 국민들의 관심을 재벌 문제로부터 돌리기 위해서 중소기업 문제나 양극화 문제를 거론하는 것은 경계해야 한다.

---

* 대기업과의 경쟁을 피하고 각종 지원 혜택을 받기 위하여 성장을 포기하고 중소기업으로만 남으려는 현상을 말한다.

재벌 문제를 가족 기업 문제로 둔갑시키는 요설

재벌 문제의 논점을 흐리려는 시도는 재벌 문제를 가족 기업 문제로 단순화시키려는 주장에서도 발견된다. 이런 주장은 총수 일가에 의한 재벌 경영이 더 좋은 성과를 낳을 수 있으며 따라서 사회적으로도 바람직할 수 있다는 것인데, 가족 경영이 전문 경영자의 경영보다 좋은 성과를 보일 수 있다는 실증적 근거와 주식회사에서 소유와 경영의 분리로 발생할 수 있는 비대칭 정보 문제라는 이론적 근거를 제시한다.

그러나 기업 재무corporate finance 분야에서 다루어지는 가족 기업의 경영 성과에 관한 연구 결과들은 신중하게 해석되어야 한다. 먼저, 가족 기업에 대한 정의가 연구에 따라 각각 다르다. 최대 주주가 이사회에 등록된 임원인지 여부, 창업자 개인 혹은 가족 구성원에 의한 기업 지배 여부, 창업자의 가족이 자기 자본의 10% 이상을 보유하고 있는지 여부 등 다양한 기준이 적용된다. 국내 기업을 대상으로 한 최근의 한 연구(박세열·신현한·박경진, 「가족 기업의 기업 지배구조적 특성이 기업 가치 및 경영 성과에 미치는 영향」, 『경영연구』, 2010년)에서는 '창업자 혹은 그의 가족 구성원이 기업의 사업상 최대 주주로 등록되어 있으며, 동시에 이사회 혹은 경영진에 소속되어 있는 기업'으로 가족 기업을 정의한 바 있다. 그러나 이런 가족 기업의 정의를 적용한다면, 많은 재벌 계열사들이 가족 기업이 아닌 것으로 분류된다. 2011년 판 『공정거래백서』에 따르면, 35개 재벌에 소속된 1,085개 계열사의 전체 이사 4,736명 중 총수 일가인 이사는 425명으로, 전체 이사의 9% 정도일 뿐이다. 또한 총수 일가의 지분율은 불과 4.4% 이고, 총수 일가가 전혀 지분을 소유하지 않고도 실질적으로 지배하는 재벌 계열사도 상당수 존재한다. 따라서 위와 같은 가족 기업의 정의를 사용한 연구 결과를 재벌 경영의 성과로 잘못 확대 해석하는 것은 금물이다.

보다 더 중요한 점은 단일 기업에서 가족 경영의 효율성 여부에 대한 연구를 재벌 평가에 적용하려는 시도가 재벌 문제와 재벌개혁의 본질을 흐릴 수 있다는 것이다. 사실 총수에 의해 이른바 '황제경영'이 이루어지고 있는 우리 재벌 현실에서, 총수 일가가 특정 계열사의 최대 주주인지 또는 이사회나 경영진에 참여하고 있는지 자체는 중요한 것이 아니다.

재벌 문제의 핵심은 재벌 총수 일가의 불법·편법적 지배권 승계·강화와 이런 불법·편법적 승계·강화가 사회적으로 용인되도록 만드는 경제력 집중 그리고 이 과정에서 발생하는 시장경제체제의 근간 붕괴 문제이다. 따라서 재벌개혁은 오히려 개별 계열사의 경영 효율화에 도움이 된다. 정상적이고 합법적인 절차를 거쳐 부의 승계가 이루어질 수밖에 없는 상황이라면, 총수 일가도 자신들의 이익을 최대화하기 위해서는 기업의 성과와 가치를 최대화할 수 있는 경영진을 원하게 될 것이다. 또 이 경우, 주주들이 기업 성과와 가치를 최대화할 수 있는 경영자로서 창업자의 가족 일원을 선택한다면, 그 선택이 비난받거나 규제받아야 할 것은 아니다. 총수 일가의 불법·

편법적 지배권 승계는 총수의 친족 승계자가 과연 경영에 최적자인 지를 판단할 수 있는 기회조차 박탈함으로써, 가장 경영을 잘할 수 있는 사람이 기업을 경영할 수 있도록 하자는 시장경제의 취지와도 부합되지 않는다. 이와 관련해 한 가지 흥미로운 점은 창업자의 후손으로의 경영권 승계가 기업 가치에 부정적인 영향을 미친다는 기업 재무 분야의 실증 연구 결과가 최근에 보고되고 있다는 것이다.

사실, 재벌 구조에서 발생하는 더 심각한 문제는 개별 기업의 소유와 경영의 분리로 인한 대리인 문제 principal-agent problem가 아니라 소수의 지분을 가지고 기업 집단을 실질적으로 지배하는 지배 주주 controlling minority stockholder에 의한 터널링 tunneling 문제이다. 터널링은 지배 주주가 의결권 voting right과 이익 청구권 cash flow right*의 차이를 이용해 자신의 이익 청구권이 낮은 계열사로부터 이익 청구권이 높은 계열사로 부를 이전함으로써 자신의 이익을 극대화하는 행위이다. 지주회사제도와 같은 피라미드형 출자 구조를 가진 기업 집단의 경우를 생각해 보자. 피라미드의 최상단에 위치한 기업을 기업 A라고 하고, 지배 주주는 기업 A의 주식 60%를 소유하고 있다고 하자. 또 기업 A는 기업 B에 출자하여 기업 B의 주식 60%를 가지고 있다고 하자. 이 경우 지배 주주는 기업 A를 지배함으로써 기업 B도 지배하며, 기업 A와 기업 B에 대한 지배 주주의 실질적 의결권

---

* 회사에 이익이 발생할 경우에 그 이익배당을 주주가 청구하는 권리를 말한다. 이익배당청구권은 배당을 받는다고 하는 추상적 권리와 이익배당에 관한 의안이 이사회와 정기주주총회에서 승인될 때에 실제로 배당을 받는 구체적 권리로 구성된다.

은 각각 60%가 된다. 왜냐하면 기업 A의 지분 60%를 지닌 지배 주주는 이사회나 주주 총회에서 60% 의결권을 행사하며 실질적으로 기업 A를 지배하고, 기업 B의 지분 60%를 지닌 기업 A는 기업 B의 이사회나 주주 총회에서 60% 의결권을 행사하며 실질적으로 기업 B를 지배한다. 그런데 기업 A를 실질적으로 지배하는 것은 기업 A의 지배 주주이므로, 기업 A의 지배 주주가 사실상 기업 B의 의결권 60%를 행사하는 것과 다름없다. 그러나 이익 청구권의 경우에는 지배 주주는 기업 A에 대해서는 60%를 가지나 기업 B에 대해서는 36%(즉, 60% × 60%)만 가진다. 왜냐하면 배당할 수 있는 기업 B의 이익이 1,000원이라면, 기업 A가 60%인 600원을 배당받고 지배 주주는 기업 A의 배당 수입 600원의 60%인 360원을 배당받기 때문이다. 그러나 기업 A의 이익이 1,000원이라면, 지배 주주는 60%인 600원을 배당 수익으로 받는다. 그러므로 피라미드 출자 구조의 하위에 위치한 기업 B에서 지배 주주는 이익 청구권보다 더 큰 의결권을 가진다. 만약 기업 B의 사업 기회를 기업 A에게 돌려서 기업 B가 실현할 수 있는 이윤 1,000원을 기업 A가 벌 수 있도록 한다면, 지배 주주는 360원이 아닌 600원의 배당 수익을 올리게 된다. 따라서 지배 주주는 기업 B의 부를 기업 A로 '터널링'할 유인을 가지게 되는 것이다.

피라미드 구조보다 훨씬 복잡한 출자 구조를 가지고 있는 우리나라 재벌의 경우에 재벌 총수 일가의 의결권과 이익 청구권의 괴리는 더 심각하며, 일감 몰아주기 등과 같은 부당내부거래를 통해 심각한 터널링 문제가 발생하고 있다. 제2부에서 보다 구체적으로 논의되는 바와 같이, 단지 지배 주주가 배당 이익을 더 얻기 위한 전형적인 경우보다 지배권 승계와 관련된 경우에 총수 일가는 터널링에 대한 훨씬 더 큰 유혹을 가지게 된다. 재벌개혁은 이러한 심각한 터널링 문제를 해소하기 위해서도 필요하다.

재벌은 우리나라만의 현상이 아니라는 요설

재벌 문제를 재벌 문제가 아닌 것으로 둔갑시키는 요설 중 하나가 재벌이 우리나라만의 문제가 아니라는 주장이다. 이러한 주장을 하는 사람들은 피라미드 출자 구조를 가진 기업 집단이 영국과 미국을 제외한 세계 모든 나라에 광범위하게 존재한다고 말한다. 다시 말하자면, 기업 집단의 존재는 보편적이므로 재벌은 한국의 고유한 문제가 아니라는 것이다. 그러나 이런 주장들은 재벌은 대규모 기업 집단일 뿐이라고 말하는 것과 다름이 없다. 즉 총수 일가의 존재 여부가 재벌 문제에서 중요하지 않다고 말하는 것과 같다. 그러나 총수 일가가 존재하지 않는다면, 지배권의 불법·편법적 승계와 관련된 문제가 발생하지도 않을 것이다. 또한 총수 일가가 존재하더라도 지배권의 불법·편법적 승계가 이루어지지 못하도록 강제하는 법, 제도 및 문화가 정립되어 있다면, 재벌 문제가 우리처럼 심각한 사회적 문제가 되지도 않을 것이다. 재벌 문제는 총수의 존재와 총수 일가의 불법·편법적 지배권 승계 및 경제력 집중의 문제이지, 기업 집단 일반에 적용되는 문제는 아니다. 따라서 기업 집단의 존재가 세계 각국에서 발견되기 때문에 재벌 문제는 우리나라의 고유한 문제가 아니라는 주장은 재벌 문제를 재벌 문제가 아닌 것이라고 말하는 것과 다름이 없다.

한편 한국 재벌의 소유 지배 구조에서 특이점으로 흔히 이야기되는 순환출자도 외국 기업 집단에서도 발견되므로 문제될 게 없다는 주장도 있다(순환출자에 대한 설명도 제4부에서 다루기로 하자). 예를 들어, 일본의 토요타 그룹의 경우 순환출자와 상호출자가 존재함에도 불구하고, 일본에서는 출자 구조 또는 출자 방향에 대한 사전 규제가 전혀 없다고 주장한다. 그러나 일본에서 문제가 안 되니 우리나라에서도 문제가 되어서는 안 된다는 논리는 비교 연구의 기본을 망각한 요설이다. 만약에 토요타의 순환출자와 상호출자가 사실이라면, 재벌개혁과 관련해 의미 있는 질문은 '일본에서는 이런 출자 구조가 사회적 문제가 되지 않으나, 왜 우리나라에서는 이처럼 중차대한 정치적, 사회적, 경제적 문제로 논의되는가?' 하는 것이다.

제2차 세계 대전 종전 이전에 일본의 대규모 기업 집단 역시 재벌이라고 불렸다. 종전 이전 일본 재벌은 창업자 가문('동족'이라고 함) 출신들에 의해 지배되고 있었다는 점에서 오늘날 우리나라의 재벌과 유사한 성격을 지닌다. 그러나 기업 집단의 소유 지배 구조는 지주회사 체제였으며, 총수 1인의 황제 경영이라기보다는 창업자 가문의 공동 경영 성격이 강했다. 종전 이전 일본 재벌과 현재 한국 재벌의 유사성은 경제력 집중이라는 측면에서도 발견된다. 종전 시 일본 3대 재벌은 일본 산업 전체 자본의 22.9%를, 일본 10대 재벌은 35.1%를 보유하고 있었다(홍명수, 『재벌의 경제력집중 규제』, 경인문화사, 2006). 우리나라의 경우 1986년에서 2002년 사이 5대 재벌의 자산이 우리 경제 내에서 차지하는 비중은 23.3%에서 32.8%, 30대 재벌의 비중은 36.9%에서 49.9% 사이의 값을 보였다(최정표, 「재벌에 의한 경제력집중의 정태 및 동태적 분석」, 『산업조직연구』 제12권 4호, 2004).

그러나 현재 일본의 대규모 기업 집단은 더 이상 재벌이라고 불리지 않는다. 제2차 세계 대전 이후 미군정 하에서 일본 재벌은 해체되었기 때문이다. 이 당시 재벌 해체의 핵심 내용은 대규모 기업 집단에 대한 동족 지배의 배제에 있었다. 이를 위해 지주회사가 해체되었으며, 주식 보유의 제한과 주식 소유의 분산이 집행되었다. 이후 일본의 기업 집단은 게이레츠けいれつ(계열)라고 불리는데, 게이레츠에 의한 경제력 집중은 현재에도 여전히 일본 정부의 규제 이슈로 남아 있다. 그러나 게이레츠 체제에서 더 이상 동족(또는 총수 일가)에 의한 기업 집단의 지배 문제는 제기되지 않게 되었다. 이런 역사적, 제도적 배경이 '일본에서는 출자 구조가 사회적 문제가 되지 않으나, 왜 우리나라에서는 중차대한 정치적, 사회적, 경제적 문제로 논의되는가?'라는 질문에 해답을 제시한다.

재벌개혁 주장은 반(反)기업 정서를 조장한다는 요설

재벌개혁이 반(反)기업 정서를 유발하여 기업의 투자 의욕을 꺾을 수 있다는 막연한 공포를 조장하는 요설도 있다. 그러나 반기업 정서를 조장하는 것은 재벌 총수 일가의 지배권 승계 및 강화 과정에서 벌어지는 불법·편법적 행위이며, 재벌개혁은 오히려 이런 불법·편법적 행위를 막자는 것이다. 재벌 총수들이 배임, 횡령, 분식 회계, 탈세와 같은 범죄를 저질렀고 그런 명백한 범법 행위를 저질렀음에도 불구하고 실형을 살지 않고 집행 유예로 풀려나는 것이 오늘날 우리나라의 현실이다. 이건희 삼성그룹 회장은 2009년 조세 포탈과 배임 등의 혐의로 징역 3년, 집행 유예 5년의 판결을 받았지만, 4개월 만에 사면·복권되었다. 정몽구 현대차그룹 회장도 횡령·배임 혐의로 징역 3년, 집행 유예 5년, 사회봉사 300시간 판결을 받고 곧 특별사면되었다. 아주 최근에는 SK그룹 최태원 회장이 계열사 18곳의 베넥스인베스트먼트 투자금 2,800억 중에서 497억을 동생 최재원 부회장 등과 공모해 빼돌린 혐의로 기소되었으며, 한화그룹 김승연 회장은 한화S&C 주식을 저가로 매각한 배임·횡령 혐의로 기소되었다. 태광그룹 이호진 회장도 1,400억대의 배임·횡령 혐의로 징역 7년에 벌금 70억 원을 구형받았다. 이런 현실이 재벌 총수에 대한 부정적 인상을 국민들에게 심어 주는 것이 엄연한 사실이다.

이런 재벌 총수에 대한 부정적 인상이 기업인 일반으로 전이되고 있다면, 이는 불행한 일이다. 더욱이 이런 부정적 인상이 반기업 정서를 유발하고 있다면 국가적으로 불행한 일이다. 그러나 재벌 총수 일가의 범법 행위나 재벌의 문제점을 애당초 거론하지 않는 것이 반기업 정서를 유발하지 않는다는 주장은 손바닥으로 하늘을 가릴 수 있다는 생각과 다름이 없다. 오히려 이런 근본적 문제를 해결하는 것이야말로 반기업인, 반기업 정서를 없애는 첩경이며, 건전한 주식회사 제도와 기업인 상을 정립하는 길이다.

건전한 자본주의는 부의 획득과 축적 과정을 사회 구성원들이 인정할 수 있을 때 비로소 정립된다. 2007년 10월, 당시 김용철 삼성그룹 구조조정본부 법무팀장의 '삼성그룹 차명계좌로 비자금 운용'이라는 양심선언으로 시작된 삼성 특별 검사(삼성 특검)는 4조 5,000억여 원 규모의 삼성생명과 삼성전자의 차명 주식을 밝혀냈으나, 이 주식을 이건희 회장이 차명으로 상속받은 것으로 처리하였다. 상속세 시효가 만료되었고 차명을 실명 전환할 때는 증여세를 물리지 않는 세법 때문에, 이 회장은 차명으로 상속받은 주식에 대해 상속·증여세를 한 푼도 내지 않았고 차명 주식의 매매에 따른 양도 소득세 1,128억 원만 납부했다. 이 차명 재산의 실명 전환을 통해 이건희 회장은 상속받은 재산에 대해 실질적으로 세금을 약 2.5%만 납부한 꼴인데, 기타 소득도 20%의 세율이 적용되는 것을 고려하면 이는 획기적으로 낮은 실질 세율이다. 경제개혁연구소의 「경제 개혁 리포트」에 따르면, 삼성 특검이 차명 재산이라고 밝혀 실명 전환한 4조 5,000억여 원 외에도 이건희 회장은 4조 원 정도를 이미 실명 전환한 바 있다. 즉, 이건희 회장이 차명으로 상속받아 상속·증여세를 한 푼도 내지 않은 상속 재산은 8조 5,000억이 넘는다는 것이다.

차명 재산으로 이처럼 대규모 자산을 은닉할 수 있고, 일정 기간이 지나 실명 전환을 하면 처벌은 고사하고 상속·증여세를 한 푼도 내지 않을 수 있는 엄연한 부조리한 사례들이 있는데, 우리 사회가 과연 '유전무죄 무전유죄'라는 조소에서 자유로울 수 있을까? 이런 명백한 사실들이 있는데, 이런 점들을 고치자고 주장하는 것이 반기업적 정서를 조장하는 것일까? 물론 재벌이나 재벌 총수가 경제에 기여한 긍정적인 면이 있을 수 있다. 그러나 그런 긍정적인 면으로 부조리하고 불법적인 행위들을 덮을 수는 없다. 이런 부조리하고 불법적인 일들이 일어나도록 방치하는 사회의 관행과 재벌을 감싸는 '신하'들이 자본주의의 정당성을 흔들고 반기업 정서를 조장하는 것이다.

│ 재벌개혁을 주장하는 것은 좌익이라는 요설

재벌개혁 좌담회에 참석한 적이 있는데, 좌담회가 끝난 후 어떤 교수님이 내게 다가와 한 말씀은 충격이었다. 재벌개혁을 주장하는 사람들은 다들 좌파라고 생각했는데, 꼭 그런 것은 아니라는 걸 알게 되었다는 것이다. 재벌개혁이 사유재산권을 부정하고 시장경제체제에 반(反)하는 좌파적 아이디어라는 요설 역시 재벌 문제의 본질을 흐리고 논점을 돌리려는 시도일 뿐이다. 제2부와 제3부에서 상세히 살펴보겠지만, 재벌개혁은 사유재산권 제도와 시장경제체제의 정립을 위해 필요하며, 나아가 정치 민주주의의 공고화를 위해서도 필요한 것이다.

물론 반(反)시장경제적 아이디어를 가진 사람들도 재벌 문제를 이야기한다. 이런 논의들은 기본적으로 시장경제체제에 대한 잘못된 생각에 기초하고 있는 것이다. 재벌개혁을 통해 시장경제체제를 정립하는 것이야말로, 이런 잘못된 반시장경제적 주장을 바로잡는 길이다.

시장경제체제에 대한 피상적 이해와 오해는 또한 이른바 우파 지식인이나 언론 매체에서도 쉽게 발견된다. 이들은 시장경제체제가 마치 하늘에서 떨어진 신성한 제도이며, 경제 주체들의 사익 추구는 이런 신성한 제도에 의해 부여받은 천부 인권과 같고, 이런 신성한 시장경제체제의 틀 안에서 정부가 행위 규제는 할 수 있지만 구조적인 정책은 사용하면 안 된다는 주장을 펼친다. 그러나 제3부에서 상세히 논의하듯이, 시장경제체제는 법과 제도로 만들어지는 것이지, 천부의 제도가 아니다. 또한 모든 사익 추구를 허용하자는 것은 시장경제체제의 의도가 아니다. 진정한 의도는 오직 사회적으로 바람직한 결과를 가져올 수 있는 사익 추구만을 합법화하고, 사회적으로 바람직하지 못한 사익 추구는 철저히 막자는 것이다. 이런 시장경제체제의 기본 아이디어를 구현하기 위해서는 적합한 법과 제도가 정립되어야 한다.

재벌개혁이 시장경제체제의 정립과 정치 민주주의의 기초 요건이 된다는 사실은 제2차 세계 대전 종전 이후 미군정 하에서 진행된 일본 재벌의 해체와 독일 콘체른Konzern(종전 이전의 독일식 기업 집단)의 해체에서도 알 수 있다. 1947년 1월에 발표된「일본의 과도한 경제력 집중에 관한 미국의 정책에 관하여Statement of U.S. Policy with Respect to Excessive Concentration of Economic Power in Japan」라는 국무·국방·해군 합동위원회 문서는 재벌에 의한 경제력의 과도한 사적 집중을 분산시키는 것이 일본 경제 및 정치의 민주화를 위하여 불가피한 것으로 이해하였다. 한편, 전후 독일 경제 질서의 새로운 형성 역시 독일의 민주주의적 전환이라는 기본 목표 하에 카르텔과 콘체른의 해제로 구체화되었다(홍명수,『재벌의 경제력집중 규제』).

미국 정부와 경제 전문가들이 전후 일본과 독일의 경제민주화와 정치민주화의 전제 조건으로 재벌과 콘체른의 해체를 추진하였다는 것은 시장경제체제와 정치 민주주의의 법·제도적 기반이 무엇인지를 정확히 인지하고 있었기에 가능한 것이라고 생각된다. 사실 미국의 경우에는 경제 전반에 걸친 경제력 집중의 문제가 제기되기 훨씬 이전의 상황에서, 셔먼법Sherman Act의 제정으로 산업의 독점화에 대응하였다. 19세기 말 미국에서는 트러스트와 지주회사를 통해 산업을 독점화하는 거대 기업들이 발생하고 있었다. 특히 석유 산업에서 스탠더드오일Standard Oil Co.은 원유 생산부터 송유, 정유 및 판매를 포괄하면서 전 미국 정유의 90% 이상을 공급하는 거대한 독점 기업으로 자리 잡게 되었다. 이에 미국 연방 정부는 1890년에 제정된 셔먼법에 근거해 1906년에 스탠더드오일을 제소하였으며, 연방 대법원은 스탠더드오일이 트러스트, 지주회사 등 인위적인 방식의 결합에 의하여 석유 산업에서 지배력을 유지하고자 하는 의도와 목적을 가지고 있었고 또한 다른 사업자를 거래에서 배제하고 통제하고자 하였다는 점에 비춰 셔면법 위반을 인정하였으며 기업 해체와 재형성을 금지하는 판결을 내렸다(홍명수,『재벌의 경제력집중 규제』).

전후 일본과 독일에서의 개혁과 20세기 초 미국에서 스탠더드오일의 해체라는 맥락과 의미에서 오늘날 한국 사회에서도 재벌개혁이 필요하다. 물론 전후 일본과 독일에서 미군정이 시행한 개혁 조치들은, 정책 수단의 효율성이라는 측면에서 볼 때, 평상시 우리나라의 현 상태에서 그대로 적용하기에 무리가 있을 수는 있다. 그러나 상황에 적합한 정책 수단을 고민해야 한다는 말이 재벌개혁을 하지 말자는 말로 둔갑되어서는 안 된다. 가장 부작용이 적고 합리적이면서도 효과적인 정책 수단에 대한 고려가 필요하다는 의미이며, 이러한 정책 수단에 대한 논의는 제4부에서 다루기로 하자.

3 '신하' 아닌
신하들의 요설

재벌개혁의 핵심을 흐리는 주장은, 역사적으로 오류임이 판명된 종속론자들에 의해서도 제기되고 있다. 종속론자들은 외국 자본은 절대 악이라고 믿으며 시장경제체제를 부정하는 사람들이다. 종속이론이 논리적으로, 실증적으로 잘못되었다고 증명한 것이 바로 외자 유치와 수출 주도를 기본 전략으로 한 한국의 경제 발전이다. 그러나 종속론자들의 시장경제체제에 대한 비판과 국가 통제 경제에 대한 옹호는 시장경제체제가 제대로 운용되지 못한 사례에 대한 비판을 시장경제체제 자체의 모순으로 오도하거나 경제 발전 단계에 따른 시장과 정부의 역할에 대한 몰이해에서 비롯된 것이다. 종속론자들의 오류와 몰이해를 보여 주는 대표적인 사례가 바로 재벌개혁에 대한 그들의 견해이다. 종속론자들은 재벌 총수 일가의 경영권 방어 장치 허용과 재벌의 신성장 동력 산업에 대한 투자 및 복지 지출용 과세를 교환하는 재벌과의 대타협론을 주장한다. 그러면서 다른 한편으로는 재벌세습의 문제점도 인정하고 특히 경영 능력이 검증되지 않은 재벌 2세, 3세에 대한 지배권 승계에 대한 우려도 표하고 있다.

먼저, 현 상태에서 재벌의 경영권 방어 장치를 마련해야 한다는 주장은 비현실적이다. 도대체 무슨 실효성 있는 재벌 규제가 현재 있다고 재벌의 경영권 방어를 우려하는지 이해가 되지 않는다. 따라서 재벌에게 경영권 방어 장치를 마련해 줄 테니 세금을 더 내라고 한들 그 요구에 응할 재벌은 없을 것이다. 재벌개혁을 통해 재벌의 가공자본*이 축소되는 과정에서 재벌의 경영권 방어를 미리 걱정해서 하는 이야기라면, 적어도 왜 그런 이야기를 하는지 이해가 되는 측면이 있다. 그러나 출자 규제를 통해 재벌이 가공자본을 축소하게 되면, 이는 오히려 재벌의 재무 건전성을 증가시켜 결국 재벌의 경영권 방어에 도움이 된다. 출자 규제는 재벌로 하여금 재벌 스스로가 판단해 불필요하고 경제성이 없는 사업 영역부터 정리하게 유인할 것이기 때문이다. 또 출자 규제는 계열사의 도산이 재벌의 도산으로 파급되는 것을 억제하는 역할도 하므로, 재벌그룹 자체의 지배권이 계열사의 도산으로 위협받을 가능성을 낮추는 역할도 한다. 대우그룹 도산의 예에서 알 수 있듯이, 재벌의 가공자본을 이용한 '버

---

* 가공자본은 계열사의 장부상 기재된 자본금 수준과 출자로 지출된 주식 이외에 계열사에 실제로 남아 있는 자본금 간의 차이를 의미한다. 가공자본은 계열사 간 출자관계로 인하여 발생하는 결과이다. (김현종, 「순환출자구조에 대한 경제학적 분석-소유지배괴리지표 및 가공자본 비율에 대한 영향을 중심으로」, 『규제연구』 19(1), p 147, 2010)

블bubble 경영'이 재벌의 도산을 가져오는 것이고, 재벌의 도산은 국가 경제의 위기로 비화될 수 있는 위험을 가지고 있다. 이런 대규모 도산과 국가 경제 위기가 바로 종속론자들이 우려하는 국제 투기 자본이 노리는 기회이다. 그러나 종속론자들이 이야기하는 재벌 경영권 보호 장치가 마련된다면, 재벌은 가공자본을 통한 버블 경영에 대한 더 큰 유혹을 가지게 될 것이고, 결국 대우그룹 도산과 같은 사건이 일어날 개연성은 더 커질 것이다. 대우그룹 도산과 같은 사건이 발생한다면 재벌의 경영권 보호 장치라는 것이 아무런 의미가 없게 됨은 자명하다.

종속론자들이 주장하는 재벌과의 대타협을 재벌이 받아들인다면, 그것은 오직 하나의 조건에서뿐일 것이다. 그 단 하나의 조건은 불법·편법적 재벌세습을 합법화해 달라는 요구이다. 즉 세금을 거의 내지 않고 부와 재벌그룹을 세습할 수 있게 해달라는 것이 요지이다. 따라서 이 경우 재벌과의 대타협은 재벌 총수 일가에게 사실상 면세 혜택을 주고, 그 대가로 재벌 기업이 국가에 세금을 더 내게 하자는 말이 된다. 이것은 재벌과의 대타협이 아니고, 재벌 총수 일가가 부담해야 할 법적 의무를 기업에게 전가시키는, 국가가 주도하는 배임이 된다. 또한 종속론자들도 우려한, 자격 없는 2세, 3세로의 경영권 승계도 자연스럽게 이루어지도록 해주자는 이야기가 된다. 물론 공익 재단을 통해 이런 승계가 이루어지는 꼼수를 제안하고 있고, 기업 집단을 실체로 하는 기업 집단법의 제정도 이야기하고 있다. 그러나 이런 이야기 역시 비현실적이다. 경제력 집중이 심화된

현 상태에서 재벌의 정치적, 경제적, 사회적 영향력이 얼마나 거대한지 이미 우리 모두 실감하고 있으며, 재벌 총수 일가 중심의 사회적, 경제적 지위의 계급화도 목도하고 있다. 이런 상황에서 재벌세습의 걸림돌을 통 크게 없애 주자는 주장은 재벌의 영향력이 정치권력까지 좌우할 수 있는 환경을 조성해 주자는 말과 다름이 없다. 그런 상황에서 재벌 총수와 실질적 타협은 가능하지도 않으며, 공익 재단에 대한 통제와 기업 집단법의 집행도 실효성이 없게 된다. 물론 보다 근본적으로 종속론자들이 주장하는 것은 국가 통제 경제를 만들자는 것으로 보이는데, 이런 계획경제에 대한 종속론자들의 잘못된 집착은 차치하더라도, 재벌과의 대타협은 실현 가능성이 없는 이야기라는 것이다. 바람직하지도 않고 더욱이 실현 가능성도 없는 이런 이야기로 재벌개혁에 딴지를 거는 종속론자들은, 그들의 의도와는 상관없이 재벌개혁을 좌초시키고 국민의 관심을 다른 곳으로 돌리고자 하는 재벌 총수 일가의 후원자가 되고 있다. 재벌 문제를 국민들이 똑바로 볼 수 없도록 눈을 가리는 '신하' 아닌 신하들이 종속론자들인지 모르겠다.

4 출자 규제가 기업 투자를 위축시킨다는 요설

지금까지 재벌개혁의 논점을 흐리고 재벌 문제를 재벌 문제가 아닌 것으로 몰고 가는 '신하'들의 요설을 살펴보았다. 재벌 문제를 재벌 문제가 아닌 것으로 둔갑시키는 요설 외에도 '신하'들은 '백성'들이 진실을 제대로 보지 못하게 하는 묘안을 갖고 있다. 바로 막연한 공포를 조장하는 것이다. 재벌개혁을 하면 투자가 줄고 일자리가 준다는 요설은 바로 막연한 공포를 조장해 재벌개혁을 방해하려는 '신하'들의 술책이다.

새누리당의 경제민주화실천모임 소속 의원들이 재벌의 신규 순환출자 금지와 기존 순환출자에 대한 의결권 제한을 골자로 한 '경제민주화 3호 법안'을 발의한다고 2012년 8월 5일 발표하였다. 이보다 앞서 7월 12일에는 민주통합당 김기식 의원 등 15인이 재벌의 신규 순환출자 금지와 3년 유예 기간 이후 기존 순환출자의 해소를 포함한 공정거래법 일부 개정 법률안을 국회에 접수하였다. 여와 야 모두 순환출자 문제가 재벌개혁의 핵심 요소임을 인지하고 있음을 보여 주는 환영할 만한 일이다. 이런 여야 정치권의 입법 움직임에 전국경제인연합회(전경련)는 순환출자 규제가 투자를 위축시킬 것이라고 반발하였다. 출자 규제 문제가 부각될 때마다 낡은 축음기처럼 하는 말이 투자 위축이다. 그러나 출자와 투자는 별개의 개념임을 명확히 인지할 필요가 있다.

재벌 계열사 A가 계열사 B에게 출자한다는 것은 계열사 A가 가용한 자금을 자사의 투자에 사용하는 대신에 계열사 B의 주식 취득에 사용한다는 것이다. 즉 계열사 A는 투자 대신 출자를 선택한 것이다. 그렇다면 출자를 통해 피출자 회사의 투자가 증가할 것인가? 계열사 A가 피출자 회사 B의 기존 주식을 취득한 것이라면, 출자는 계열사 B의 자금 흐름 및 투자와 무관하다. 만약 피출자 회사 B가 발행한 신주를 계열사 A가 취득하였다면, 피출자 회사는 증자된 자금을 이용해 투자를 늘릴 수도 있다. 그러나 실제로 재벌 계열사 간 출자에서 피출자 회사가 신주를 발행하는 경우는 드물다. 이를 확인하기 위해 2008년부터 2010년까지 3년간, 자산 총액이 5조 이상인 대규모 기업 집단의 계열사 간 출자와 피출자 계열사들의 신주 발행이 연관되어 있는지를 공정거래위원회 자료와 상장공시 시스템 자료를 통해 살펴보았다. 그 결과, 피출자 계열사들(동일 기업 집단의 다른 계열사들이 자사의 주식을 가지고 있는 기업들) 중에서 신주를 발행한 기업은 총 40개 회사였는데, 피출자 계열사들의 신주 발행과 피출자 계열사에 대한 다른 계열사들의 출자(피출자 계열사에 대한 주식 보유량 변동량) 사이에 유의미한 상관관계를 찾을 수 없었다. 따라서 계열사 간 출자가 피출자 계열사의 투자를 위한 융자 성격을 가지는 것은 매우 예외적이라고 할 수 있다.

나아가, 피출자 회사가 발행한 신주를 출자 기업이 인수하는 경우라도, 출자 제한이 투자의 감소로 이어지기 위해서는 몇 가지 조건들이 추가로 충족되어야 한다. 피출자 회사는 투자 자금을 확보하기 위하여 신주 발행 외에도 전환사채CB나 회사채를 발행할 수 있으며, 또 은행과 같은 금융권으로부터 자금을 차입할 수도 있다. 따라서 피출자 회사는 출자 규제로 인해 신주를 다른 계열사에 판매할 수 없는 경우에도 전환사채나 회사채 발행 또는 금융권으로부터 차입을 통해 투자 자금을 마련할 수 있다. 또 피출자 회사가 전환사채나 회사채 발행 또는 금융권으로부터 차입이 불가능한 상태라고 하더라도 다른 기업이나 주식 투자자들이 피출자 회사의 신주를 인수한다면, 굳이 계열사의 출자 없이도 투자 자금을 확보할 수 있을 것이다. 만약 계열사에 의한 신주 인수 외의 방법으로는 자금 확보가 불가능한 기업이라면, 계열사에 의한 신주 인수는 자격이 미달된 계열사 주식을 인수하는 부당내부거래에 해당될 수 있다. 따라서 출자 규제가 피출자 회사의 투자를 실질적으로 감소시킬 가능성은 극히 희박하다.

만약에 계열사에 의한 신주 인수 외의 방법으로는 외부 자금 시장으로부터 자금 확보가 불가능하거나 외부 자금 시장을 통한 자금

조달 비용이 너무 큰 경우이면서도 자격 미달 기업에 대한 지원 성격을 가지지 않는다면, 이는 외부 자본 시장이 발달되지 않은 개발 도상국의 상황을 의미한다. 그러나 우리나라의 자본 시장이 1997년 외환위기 이후 선진국 수준으로 발달되어 왔다는 것은 이미 잘 알려진 사실이다. 재벌 계열사 간의 출자가 기업 내부 자본 시장* 역할을 하는 것이라면, 당연히 1997년 이후 계열사 간 출자가 줄어들어야 한다. 그러나 사실을 보면 그렇지 않다. 공정거래위원회가 지난 7월에 공개한 「2012년 대규모 기업 집단 주식 소유 현황 및 소유 지분도에 대한 정보 공개」에 의하면, 상위 10대 재벌의 총수 지분율을 제외한 내부 지분율은 2000년 이후에도 완만히 증가해 온 것으로 나타났다. '내부 지분율'은 기업 집단 소속 전체 계열 회사의 전체 자본금 중 재벌 총수 일가와 임원, 계열 회사, 비영리 법인 소유의 주식과 자사주의 비중 합계를 의미한다. 이 중 비영리 법인이나 자사주**의 비중은 매우 낮으므로, 내부 지분율에서 총수 지분율을 차감한 수치는 계열 회사의 비중을 의미한다고 볼 수 있다. 따라서 외부 자본 시장의 발달로 계열사 간의 출자 비중이 줄어들었다면, 총수 지분율을 제외한 내부 지분율은 실제와 달리 감소해야만 했다.

계열사 간 출자가 내부 자본 시장 역할을 하는지 자체도 의문이

---

* 내부 자본 시장internal capital market은 은행 차입이나 증권 및 채권 등의 발행을 통해 자금을 조달하는 외부자본 시장 대신에 기업 부문 간 또는 계열사 간에 자금을 대출·대부하는 경우를 말한다.

** 자사주(자기주식)란 회사가 누구의 명의로든지 자기의 재산으로 회사가 발행한 주식을 취득해 보유하고 있는 주식이다. 자사주를 취득하려면 상법상 배당가능이익이 있어야 한다.

다. 외국의 경우에 내부 자본 시장은 계열사 간 또는 기업 부문 간 현금 대부와 차입으로 구성된다. 즉, 실제 투자를 위한 자금을 공급한다는 의미에서 내부 자본 시장이라고 할 수 있다. 만약 계열사 간 출자가 순수하게 내부 자본 시장 역할을 한다고 주장한다면, 계열사 간 출자로 발생하는 의결권을 제한하는 것에 반대할 이유가 없다. 출자에 의한 의결권을 제한한다 하더라도 계열사 간 자금 대부와 차입이라는 내부 자본 시장의 기능은 여전히 살아 있기 때문이다. 따라서 한편으로는 출자 제한이 투자를 위축시킨다는 주장을 하면서 순환출자 고리에 있는 출자에 대한 의결권을 제한하겠다는 정책 제안을 반대하는 것은 스스로 논리적 모순을 인정하는 것일 뿐이다.

기존 계열사 간의 출자는 투자와 무관한 경우가 일반적이라고 이야기했다. 그런데 기업의 인수 합병도 출자 형식으로 이루어질 수 있다. 예를 들어, 최근에 SK그룹은 SK텔레콤을 통해 하이닉스반도체를 신주 2조 3,425억 원과 구주인 1조 322억 원, 합계 3조 3,747억 원에 인수하였다. SK텔레콤은 인수자금 중 2조 5,000억 원을 국내 은행에서 차입한 것으로 알려져 있다. 따라서 나머지 인수 자금은 SK텔레콤의 유보 이윤 등에서 충당된 것으로 보인다. SK텔레콤이 하이닉스반도체의 신주 인수를 통해 출자한 자금은 하이닉스반도체의 재무 구조 개선에 도움이 될 수 있다.

그러나 이 자금 유입이 하이닉스반도체의 투자로 연계될지는 불분명하다. 분명한 사실은 SK텔레콤이 가용한 자금을 자사의 투자 대신에 출자에 사용했다는 점이다. SK그룹의 하이닉스반도체 인수가 성공적으로 판명될지는 알 수 없다. SK텔레콤이 뉴욕증권거래소에 제출한 「투자 시 위험 요소Risk Factors」라는 보고서에 따르면, 반도체 부품 평균 단가가 하락 추세를 지속할 것으로 예상되므로 하이닉스반도체가 효과적으로 원가 절감을 하지 못하면 영업 실적에 부정적 영향을 미칠 수 있음을 우려하고 있다. 물론 자사 투자와 하이닉스반도체 인수의 효과에 대한 비교 분석을 바탕으로 SK텔레콤이 출자를 통해 하이닉스반도체를 인수한 것이었다면, 이러한 기업 인수가 문제되지 않을 수도 있다. 그러나 이러한 재벌의 몸집 불리기에 재벌의 정치적, 경제적, 사회적 영향력 확대라는 동기도 있다면, 이는 사회적으로 바람직하지 않다. 또한 기업 인수가 출자의 기회비용과 비교한 합리적 선택인 경우라도 결과적으로 재벌의 경제력 집중의 심화를 가져온다면 이러한 인수 합병 역시 사회적으로 바람직하지 않을 수 있다.

마지막으로, 제4부에서 논의될 순환출자의 금지나 계열사의 지주회사의 주식 보유 제한 등은 계열사 간의 일부 출자 행위에 대한 규제를 의미하는 것이지, 전면적인 계열사 간 출자 금지나 제한을 하자는 것이 아니라는 점을 유의해야 한다. 따라서 순환출자 금지나 지주회사에 대한 출자 제한과 같은 재벌개혁의 정책 수단은 투자 감소와 더욱 무관한 것이라고 이야기할 수 있다. 특정 출자 구조에 대한 규제가 투자를 감소시킬 리 만무하다는 이야기는 이러한 재벌개혁이 일자리를 감소시킬 리도 없음을 의미한다. 그럼에도 불구하고,

'신하'들은 재벌개혁이 투자와 일자리의 감소를 유발할 것이라는 막연한 공포를 퍼뜨리고 있는 것이다.

재벌개혁의 핵심을 흐리는 요설들

요설	왜 요설인가?
대기업의 단점만 볼 것이 아니라, 대기업의 경제적, 사회적 기여도 함께 고려해야 한다.	재벌 문제는 '총수가 있는 대규모 기업 집단'인 재벌의 세습과 경제력 집중의 문제이지, 개별 대기업의 장단점에 관한 문제가 아니다.
대기업 규제보다 중소기업을 대기업으로 육성하는 것이 바람직하다.	재벌 문제의 본질은 개별 대기업에 대한 규제 문제가 아니다. 그러나 재벌개혁은 중소기업들에게 더 많은 사업기회를 제공하고, 공정한 경쟁을 통해 성장할 수 있는 기반을 제공한다.
중소기업이 대기업으로 성장하지 못하는 것은 '중소기업 피터팬 증후군' 때문이다.	'중소기업 피터팬 증후군' 주장은 본말이 전도된 것이다. 중소기업의 성장을 가로막는 주요 장애 요인은 재벌 위주의 경제 구조이며, 따라서 재벌개혁은 궁극적으로 재벌의 경제력 집중을 해소함으로써, 산업의 진입과 퇴출 장벽을 낮추고 자생력을 가진 중소기업이 성장할 수 있는 환경을 조성해 준다.
가족 경영이 전문인 경영보다 좋은 성과를 보일 수 있다.	단일 기업에서 가족 경영의 효율성 여부에 대한 연구 결과를 재벌 평가에 적용하려는 시도는 잘못된 것이다. 황제 경영으로 기업 집단을 실질적으로 지배하는 총수 일가의 터널링과 세습이 재벌 문제의 핵심이다.
재벌은 우리나라만의 현상이 아니다.	기업 집단이 보편적으로 존재한다면서 재벌은 한국의 고유한 문제가 아니라고 주장하는 것은 총수 일가의 존재 여부가 재벌 문제에서 중요하지 않다고 말하는 것과 같다. 그러나 총수 일가가 존재하지 않는다면, 지배권의 불법·편법적 세습 문제도 발생하지 않을 것이다.

요설	왜 요설인가?
재벌개혁 주장은 반기업 정서를 조장한다.	재벌 총수들이 배임, 횡령, 분식 회계, 탈세와 같은 범죄를 저질렀고, 이런 명백한 범법 행위에도 불구하고 실형을 살지 않고 집행 유예로 풀려나는 재벌 문제의 폐해가 오히려 반기업 정서를 조장한다. 재벌개혁은 궁극적으로 건전한 주식회사 제도와 기업인 상을 정립하는 데 도움이 된다.
재벌개혁은 좌익의 주장이다.	재벌개혁은 사유재산권 제도와 시장경제체제의 정립을 위해 필요하며, 나아가 정치 민주주의의 공고화를 위해서도 필요하다. 이런 사실은 제2차 세계 대전 종전 이후 미군정 하에서 이루어진 일본 재벌의 해체와 독일 콘체른의 해체에서도 확인된다.
재벌 총수 일가의 경영권 방어 장치 허용과 재벌의 신성장 동력 산업에 대한 투자 및 복지 지출용 과세를 교환하는 대타협을 하자.	재벌 총수 일가는 세금을 거의 내지 않고 부와 재벌그룹을 세습할 수 있는 조건 하에서만 이런 제안에 응할 것이다. 따라서 이 경우 재벌과의 대타협은 재벌 총수 일가에게 사실상 면세 혜택을 주고, 그 대가로 재벌 기업들이 국가에 세금을 더 내게 하자는 말이 되는데, 이는 국가가 주도하는 배임이다.
출자 규제가 기업 투자를 위축시킨다.	출자와 투자는 별개의 개념이며, 실증적 증거들은 재벌 계열사 간 출자와 투자는 상관관계가 없음을 보여주고 있다. 또한 계열사 간 출자가 순수하게 투자를 위한 금융 대부 역할을 한다면, 계열사 간 출자로 발생하는 의결권을 제한하는 것에 반대할 이유가 없다.

part 02

벌거벗은
재벌님

현재 우리 사회에서 재벌 문제의 핵심은 총수 일가의 불법·편법적 지배권 승계·강화와 이를 사회적으로 용인하게 하는 경제력 집중이다. 이런 재벌 문제를 명확히 인지하지 못하도록 하는 '신하'들의 요설을 제1부에서 살펴보았다. 이제 제2부에서는 재벌 문제를 재벌 문제로 명확히 볼 수 있도록 몇 가지 사례를 소개하기로 한다.

여기 소개한 사례는 재벌 총수 일가의 지배권 승계·강화가 '종자기업 만들기와 종자기업 중심의 출자 구조 재편'을 통해 이루어지고 있음을 보여 줄 것이다. 또 종자기업 만들기 과정에서 불법이 저질러지고, 종자기업을 중심으로 한 출자 구조 재편에는 현행 법제도의 맹점을 이용한 편법이 동원되었음을 알 수 있다. 그러나 재벌 총수 일가는 배임, 횡령, 분식 회계와 같은 명백한 범죄를 저지르고도 사실상 사면을 받아 왔는데, 이러한 불법·편법적 지배권 승계의 사회적 용인이 역설적으로 재벌의 경제력 집중에 대한 가장 확실한 증거이기도 하다.

1 삼성식 상식, 삼성그룹의 3세 승계 사례

삼성그룹 개요

삼성그룹은 이병철 선대 회장이 1938년 대구에 삼성물산의 전신인 삼성상회를 창립하면서 시작되었으며, 1987년 이병철 선대 회장이 사망한 후 이건희 회장이 제2대 그룹 회장으로 취임하였다. 이후 1993년에 한솔제지, 1997년에 신세계와 제일제당(현 CJ), 1999년에는 중앙일보와 보광이 삼성그룹에서 분리되었다. 그럼에도 불구하고, 현재 삼성그룹은 공정거래위원회가 지정한 기업 집단 중에서 자산 총액이 가장 큰 재벌이다. 2011년 판 『공정거래백서』에 따르면, 2010년 4월 기준, 삼성그룹은 67개의 계열사를 보유하고 약 192조 8,000억 원의 자산 총액을 기록하고 있다.

삼성그룹의 총수인 이건희 회장은 1남 3녀를 두었으나 막내딸은 사망하였다. 2010년도 회계 자료를 근거로 계산한 경제개혁연구소의 보고서에 따르면, 이건희 회장이 보유한 주요 계열사 지분은 삼성생명 20.76%, 삼성전자 3.38%, 삼성에버랜드 3.72% 등이다. 삼성그룹의 3세에 해당하는 이건희 회장의 아들 이재용 삼성전자 사장은 삼성에버랜드 지분 25.1%, 삼성SDS 지분 8.81%, 서울통신기술(현 삼성 SNS) 지분 45.9%, 삼성자산운용 지분 7.7%, 가치네트 지분 36.69% 등을 보유하고 있다. 첫째 딸 이부진 호텔신라 대표 이사 사장은 삼성에버랜드 지분 8.37%, 삼성석유화학 지분 33.19%, 삼성SDS 지분 4.18%, 삼성자산운용 지분 5.13%를 보유하고 있으며, 둘째 딸 이서현 제일모직 부사장 겸 제일기획 부사장은 삼성에버랜드 지분 8.37%, 삼성SDS 지분 4.18%, 삼성자산운용 지분 2.57%를 가지고 있다. 삼성그룹의 3세 승계는 1994년 무렵 시작된 것으로 보이며, 이건희 회장으로부터 이재용 사장, 이부진 사장, 이서현 부사장으로의 지분 승계와 종자기업인 삼성에버랜드 중심의 삼성그룹 지배구조의 재편으로 구성된다. 그러나 경영권 승계가 아직 완료되지 않았으며, 3세들로의 그룹 분할과 지배권 승계가 어떻게 마무리될지는 유동적이라고 판단된다.

현재 삼성그룹은 삼성전자와 삼성SDI 등의 전자 부문, 삼성생명과 삼성화재 등의 금융 부문, 삼성중공업 및 삼성석유화학 등의 중화학 부문 그리고 제일기획과 호텔신라 등의 서비스 부문 등 네 개의 사업 부문으로 구성되어 있다. 「2012년 대규모 기업 집단 주식 소유 현황 및 소유 지분도에 대한 정보 공개」라는 공정거래위원회 자료에 따르면, 삼성그룹 총수 일가는 4개 사업 부문에 걸친 70여 개의 계열사를 1% 미만의 지분으로 지배하고 있다. 이처럼 적은 지분으로 거대한 삼성그룹을 실질적으로 지배할 수 있는 이유는 삼성에버랜드를 중심으로 한 복잡한 순환출자 구조 덕분이다. 〈그림 1〉에서 볼 수 있듯이, 총수 일가는 지분 약 46%로 삼성에버랜드를 지배하고 있으며, '삼성에버랜드-삼성생명-삼성카드-삼성에버랜드'라는 순환출자 고리, '삼성에버랜드-삼성생명-삼성전자-삼성카드-삼성에버랜드'라는 순환출자 고리, '삼성에버랜드-삼성생명-삼성물산-삼성전자-삼성SDI-삼성물산-삼성에버랜드'라는 순환출자 고리 등을 핵심으로 그룹 전체 계열사들을 지배하고 있는 실정이다.

〈그림 1〉과 같은 출자 그림을 이해하기 위해서는 일러두기의 범례를 참고할 필요가 있다. 이 범례를 통해 〈그림 1〉을 읽으면 다음과 같다. 예를 들어, 삼성에버랜드에 대한 총수 일가의 지분율은 46.03%이고, 계열사 지분율을 합한 내부 지분율은 86.03%이다. 삼성에버랜드 지분을 보유하고 있는 계열사는 삼성카드 25.64%, 제일모직과 삼성전기 그리고 삼성SDI가 각각 4%, 삼성물산이 1.48% 등이다. 이에 반해 삼성에버랜드는 삼성생명 지분 19.34%를 가지고 있다. 〈그림 1〉은 삼성그룹 계열사 중에서 순환출자 고리에 포함된 계열사들의 출자 관계와 총수 일가 지분율 및 내부 지분율을 표시한 것임을 유의할 필요가 있다. 삼성그룹 70여 개 계열사들은 이들 순환출자 고리에 포함된 계열사들을 중심으로 수직적으로 또 상호 교

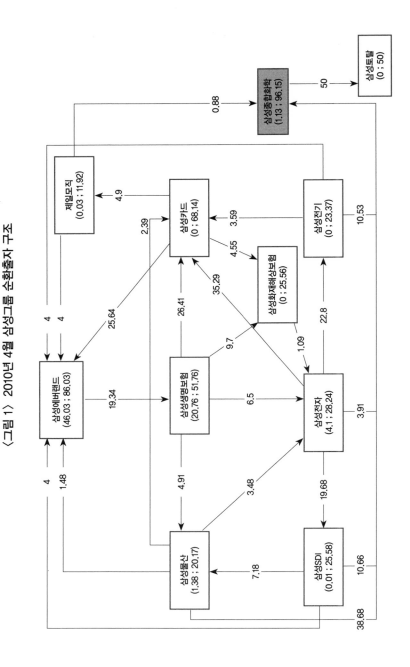

〈그림 1〉 2010년 4월 삼성그룹 순환출자 구조

차적으로 출자 관계를 형성하고 있는 실정이다.

지분 승계와 종자기업 만들기

삼성그룹의 3세로의 지배권 승계 과정에서, 이재용 씨는 비상장 계열사 주식을 매입하여 상장 후 시세 차익으로 종잣돈을 마련하였으며, 이 종잣돈으로 종자기업인 삼성에버랜드의 전환사채를 매입하였다. 이재용 씨는 1994년부터 1996년 사이에 이건희 회장으로부터 61억 4,000만 원을 증여받았다. 61억 원은 일반 국민들에게는 아주 큰돈이나, 2010년 4월 기준으로 자산 총액이 192조 8,000억 원인 삼성그룹의 규모나 이건희 회장이 선대 회장으로부터 차명으로 증여받은 자산인 약 8조 5,000억 원과 비교한다면, 그야말로 '조족지혈'이다. 이 61억여 원을 이용해 이재용 씨는 비상장 회사였던 에스원, 삼성엔지니어링, 제일기획의 주식, 신주 인수권, 전환사채 등을 인수하고 유상증자에도 참여한다. 그리고 이들 계열사가 상장한 후에는 주식을 매각하여 종잣돈을 늘리게 되는데, 3개 회사 주식 매각 자금으로 약 800억 원을 확보하게 된다. 이들 3개사의 상장 차익으로 이재용 사장이 올린 투자수익률은 에스원의 경우 1994년부터 2년간 연평균 260%였으며, 삼성엔지니어링의 경우 1994년부터 1997년 초까지 연평균 197.9%, 제일기획은 1996년부터 1998년까지 연평균 182.7%였다(경제개혁연구소, 「경제 개혁 리포트」, 2011−07호).

비상장 계열사의 상장 차익*을 통해 증여받은 종잣돈을 2년에서 3년 내에 800억 원으로 키운 이후에, 이재용 씨는 이 자금 일부로 삼성에버랜드 전환사채를 인수하게 된다. 딸인 이부진 씨, 이서현 씨, 이윤형 씨 등도 삼성에버랜드 전환사채 인수 직전인 1996년에 각각 16억 1,000만 원을 이건희 회장으로부터 증여받아 전환사채 인수에 참여하였다. 1996년 10월 삼성에버랜드 이사회는 전환사채 발행을 결의하였으나, 이건희 회장과 당시 삼성에버랜드의 법인 주주인 삼성물산, 제일모직, 중앙일보, 삼성문화재단, 한솔제지, CJ 등은 실권하였다. 이후 이사회는 실권된 전환사채를 이재용 씨 등 3세들과 이재현 씨에게 배정하였고, 이들은 12월 17일 전환권을 행사하여 삼성에버랜드 지분을 확보하게 된다. 삼성에버랜드 지분을 전혀 보유하지 않았던 3세들은 전환권 행사로, 이재용 씨 31.37%, 이부진 씨 등 세 딸이 각각 10.46%씩, 총 62.75%의 지분을 보유하게 되었다. 삼성에버랜드 전환사채 발행은 '전환 가격'과 '이사회 결의'에 하자가 있는 행위였으나, 법원이 불법적 행위를 용인하게 만든 '삼성의 힘'을 보여 준 대표적 사례였다. 이에 대해서는 아래에서 상세히 살펴보기로 한다.

이재용 씨 등 3세는 또한 1996년 12월 삼성SDS가 실시한 유상증자에서 삼성물산 및 삼성전기가 실권한 주식 일부를 인수하였다. 이후 1999년 2월 삼성SDS는 행사 가격이 7,150원인 230억 원 규모

---

* 상장을 계기로 회사가치가 시장에서 평가되어 공개되었을 때 주식시가와 상장 전 주식가액의 차이를 의미한다.

의 신주인수권부사채 BW를 발행하였고, 삼성증권과 SK증권이 전량 인수한 후 신주 인수권과 사채권으로 나누어 다시 이재용 씨에게 47억 원, 이부진 씨 등 세 딸에게 각각 34억 원, 이학수 씨에게 54억 원, 김인주 씨에게 27억 원어치를 매각하였다. 당시 삼성SDS의 장외 거래 가격이 5만 3,000원에서 6만 원 사이였음을 고려한다면, 신주 인수권부사채의 행사 가격 7,150원은 지나치게 낮은 수준이었다. 결 국 김용철 변호사의 삼성그룹 비자금 및 로비 의혹 폭로로 탄생한 삼성 특검은 2008년 이건희 회장 등 5인을 '특정 경제 범죄 가중 처 벌 등에 관한 법률(특경가법)' 상의 배임으로 기소하였고, 법원은 이 건희 회장에게 징역 3년, 집행 유예 5년, 벌금 1,100억 원을 선고하 였다. 삼성SDS의 신주인수권부사채 사건도 아래에서 상세히 살펴보 기로 한다.

이외에도 이재용 씨, 이부진 씨, 이서현 씨 등은 1999년 삼성생명 이 저가로 양도한 삼성투신운용 주식을 인수하였다. 또 이재용 씨는 1997년 3월에 삼성전자가 발행한 사모전환사채 600억 중 450억 원 을 인수하였고, 1996년 11월에 서울통신기술의 전환사채를 인수하 여 지분 50.67%를 보유하게 되었다.

종자기업 중심의 지배구조 재편

이재용 씨 등 3세에 의한 삼성에버랜드 지배가 확정된 이후인 1998년부터, 삼성에버랜드를 중심으로 한 삼성그룹의 출자 구조의 재편이 이루어진다. 1997년 말, 삼성생명은 삼성전자의 최대 주주이고, 삼성전자는 삼성카드와 삼성전기의 최대 주주였다. 즉, 1997년까지는 이건희 회장이 삼성생명을 실질적으로 지배함으로써 삼성그룹 전체를 지배하고 있었다고 볼 수 있다. 특히 삼성 특검을 통해 밝혀진 것처럼 이건희 회장은 차명으로 16% 정도의 삼성생명 지분을 보유하고 있었으므로, 1997년 당시 삼성생명은 총수 일가에 의해 유효하게 지배되고 있었다고 추론할 수 있다. 1998년 삼성에버랜드는 삼성생명의 주식 345만 주를 취득하는데, 이 거래로 삼성에버랜드는 삼성생명 12.3%의 지분을 가진 주주에서 20.7%의 지분을 가진 최대 주주가 된다(〈그림 2-1〉, 〈그림 2-2〉 참조). 즉, 총수의 삼성생명 지분을 자녀에게 증여하는 방식이 아닌, 삼성에버랜드라는 종자기업을 이용해 삼성생명을 간접적으로 증여하는 것이 종자기업인 삼성에버랜드 중심의 지배구조 재편의 핵심 내용이었다. 그런데 삼성생명의 지분을 획득할 때 삼성에버랜드가 지불한 가격은 주당 9,000원에 지나지 않았다. 반면, 다음 해 삼성정밀화학, 삼성전기, 삼성 SDS등이 삼성생명의 주식을 취득할 때에는 주당 70만 원씩 지불했다. 따라서 삼성에버랜드가 삼성생명의 지분을 취득하는 과정에서 이재용 씨 등 3세는 2조 823억 원의 이득을 챙김과 동시에 삼성그룹 계열사 전체의 경영권을 장악할 기반을 마련하게 된 것이다(김진방, 『재벌의 소유구조』, 나남, 2005).

삼성에버랜드는 1963년에 동화부동산(주)이라는 회사명으로 설립

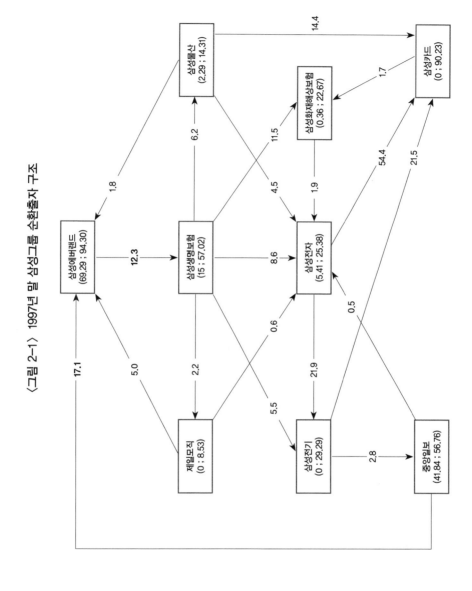

〈그림 2-1〉 1997년 말 삼성그룹 순환출자 구조

삼성물산
(2.29 ; 14.31)

삼성화재해상보험
(0.36 ; 22.67)

삼성카드
(0 : 90.23)

삼성에버랜드
(69.29 ; 94.30)

삼성생명보험
(15 ; 57.02)

삼성전자
(5.41 ; 25.38)

제일모직
(0 : 8.53)

삼성전기
(0 ; 29.29)

중앙일보
(41.84 ; 56.76)

14.4
1.7
1.8
6.2
11.5
4.5
12.3
8.6
54.4
21.5
1.9
17.1
5.0
2.2
0.6
5.5
21.9
0.5
2.8

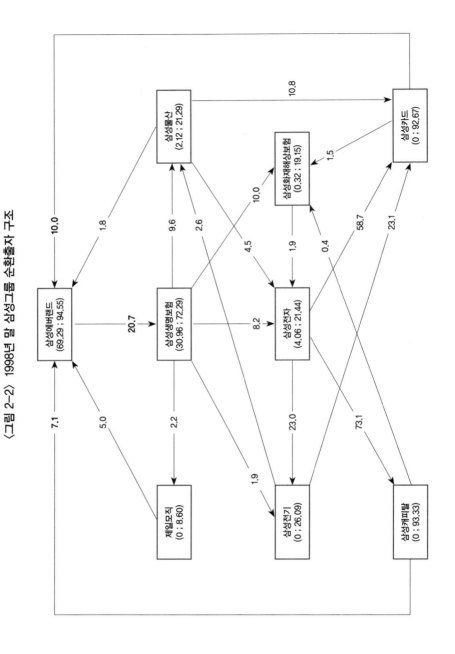

〈그림 2-2〉 1998년 말 삼성그룹 순환출자 구조

되었으며, 놀이공원과 골프장 운영, 부동산 관리 유지, 단체 급식 및 식자재 공급 등을 주요 사업으로 하고 있다. 1996년에 이재용 씨 등 3세가 전환사채를 인수하여 최대 주주가 되기 전까지 중앙일보사가 최대 주주였다(〈그림 2-1〉 참조). 그러나 삼성에버랜드가 삼성생명의 주식을 인수해 삼성생명의 최대 주주가 된 1998년에, 중앙일보사는 삼성카드와 삼성캐피탈에게 삼성에버랜드 주식 34만 주(17.1%) 전량을 주당 10만 원에 매도하였다. 삼성카드와 삼성캐피탈이 삼성에버랜드의 주식을 인수함으로써, 삼성에버랜드 중심의 순환출자 구조를 공고히 하고 동시에 중앙일보의 계열 분리를 준비한 것이다(〈그림 2-2〉 참조). 나아가, 2000년에는 삼성카드와 삼성캐피탈이 삼성에버랜드의 유상증자에 참여하여 삼성에버랜드 신주 30만 주를 주당 10만 원에 인수하여 25.6%의 지분을 보유하게 되고, 삼성전기와 삼성SDI도 각각 신주 10만 주를 주당 10만 원에 인수하면서 4%씩의 지분을 보유하게 된다. 이 유상증자를 통해 삼성에버랜드는 자본금을 확충하고, 삼성에버랜드를 중심으로 한 삼성그룹의 지배구조가 완성되었다(〈그림 2-3〉 참조). 이후 2004년 2월에 삼성카드가 삼성캐피탈을 합병하면서 삼성카드 지분이 25.64%로 변경된 것 외에는 삼성그룹 지배구조에 중요한 변화는 없었다(〈그림 2-4〉와 〈그림 1〉 참조).

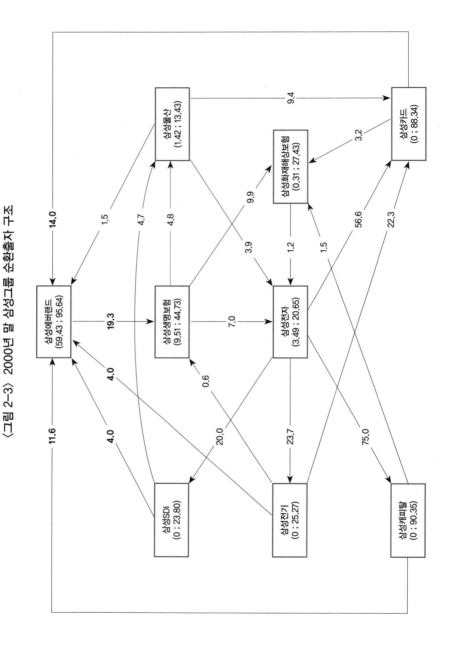

〈그림 2-3〉 2000년 말 삼성그룹 순환출자 구조

삼성물산
(1.42 ; 13.43)

삼성화재해상보험
(0.31 ; 27.43)

삼성카드
(0 ; 88.34)

9.4

3.2

삼성에버랜드
(59.43 ; 95.64)

삼성생명보험
(9.51 ; 44.73)

삼성전자
(3.49 ; 20.65)

14.0

1.5

4.7

4.8

9.9

3.9

1.2

1.5

19.3

7.0

56.6

11.6

4.0

4.0

0.6

20.0

23.7

75.0

22.3

삼성SDI
(0 ; 23.80)

삼성전기
(0 ; 25.27)

삼성캐피탈
(0 ; 90.35)

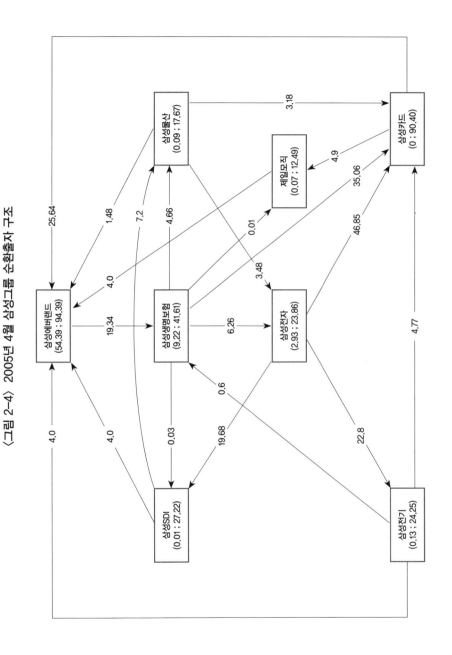

〈그림 2-4〉 2005년 4월 삼성그룹 순환출자 구조

3세 승계 사례의 함의 : 삼성식 상식

삼성그룹의 3세 승계 과정은 비상장 계열사의 상장 차익과 전환사채 등을 이용해 종잣돈과 종자기업을 만들고, 종자기업을 중심으로 순환출자 고리를 재구성하는 전형적인 불법·편법적 지배권 승계 과정을 보여 주는 것이었다. 이 과정에서 이재용 씨는 비상장 계열사 상장 차익과 3자 발행 전환사채 인수 등의 방법으로 증여받은 약 61억 원의 자산을 증식했는데, 2010년 말 현재 이재용 씨 보유 주식의 평가액만 약 2조 2,180억 원에 이른다.

이미 살펴보았듯이, 이재용 씨는 삼성에버랜드 전환사채의 인수로 삼성에버랜드의 최대 주주가 되었으며, 이후 삼성그룹은 삼성에버랜드 중심으로 순환출자 구조를 변경하였다. 즉, 3세로의 지배권 승계 과정에서 삼성에버랜드는 종자기업 역할을 하였는데, 삼성에버랜드를 중심으로 한 출자 구조 변경에는 삼성에버랜드의 자본금을 대폭 확충해 주는 계열사 간의 출자가 뒤따랐다. 그 결과, 삼성에버랜드 지분을 취득한 이재용 씨 등 3세는 1996년 말부터 2010년 말까지 연평균 투자수익률 51.69%라는 경이로운 결과를 만끽할 수 있었다. 이재용 씨의 삼성에버랜드 지분 취득에 소요된 돈은 48억 원 정도였으나, 2010년 말 현재 이재용 씨의 삼성에버랜드 지분의 평가액과 배당액 합계는 약 1조 4,000억 원에 이른다(경제개혁연구소, 「경제 개혁 리포트」, 2011-07호).

이처럼 상식을 뛰어넘는 엄청난 투자수익률은 정상적인 법체계가 정립되어 있고 정상적인 법이 집행되는 나라에서는 상상하기 어려운 일이다. 특히, 삼성에버랜드 전환사채 발행은 '전환 가격'과 '이사회 결의'에 하자가 있는 행위였으나, 법원이 불법적 행위를 용인해 준, '삼성의 힘'을 보여 준 대표적 사례였다. 1993년 한솔제지가 한국오미야에 매각한 삼성에버랜드의 주당 가격은 8만 5,000원이었으며, 삼성 특검의 평가액은 12만 7,755원이었다. 그러나 1996년 삼성에버랜드 전환사채의 전환 가격은 주당 7,700원에 불과했다. 이런 전환사채 발행을 위한 이사회 결의에도 하자가 있었다. 삼성에버랜드 정관에 전환사채 발행 관련 조항이 없어서 주주 총회 의결이 필요했으나, 이사회 의결로 전환사채를 발행하였으며, 이 이사회 결의도 의결정족수 부족으로 결의의 효력이 없는 것이었다.

이런 상황에서 법학 교수 43명이 2000년 6월에 삼성에버랜드 전환사채를 현저히 낮은 가격으로 이재용 씨 등에게 발행한 것은 '편법 증여'라며, 이건희 회장 등 삼성에버랜드 이사 및 주주 계열사 임원 33명을 고발하였다. 한편 참여연대도 1999년 삼성SDS의 신주인수권부사채 저가 발행과 관련해 이사 5인과 이학수 감사를 특경가법 상 배임 혐의로 고소하였다. 이후 삼성 특검은 이건희 회장 등을 삼성에버랜드 전환사채 편법 증여, 삼성SDS 신주인수권부사채 저가 발행, 차명 주식 거래를 통한 조세 포탈 혐의로 고소하였다. 조준웅 삼성 특검은 이건희 회장에게 징역 7년과 벌금 3,500억 원을 구형하였으나, 1심 법원(서울중앙지법 형사합의 23부, 민병훈 부장판사)과 2심 법원(서울고법 형사 1부, 서기석 부장판사)은 삼성에버랜드 전환사채 편법 증여 혐의에 대해서는 무죄, 삼성SDS 신주인수권부채 저가 발행 혐의는 공소 시효가 지났다며 면소 판결했으며, 차명 주식 거래를 통한 조세 포탈 혐의는 일부 유죄로 판단해 징역 3년에 집행 유예 5년을 선고하였다. 2009년 5월 29일 대법원은 삼성에버랜드 전환사채 발행이 주주 배정* 방식이었으므로 회사는 적정가를 산정할 의무가 없으며, 이재용 씨 등이 취한 부당 이득은 '합리적 주주의 자발적 선택'이라는 판단을 내려 전환사채 발행이 적법하다는 최종 결론을 내렸다. 한편 대법원은 삼성SDS의 신주인수권부사채를 헐값으로 발행해 이재용 씨 등에게 최대 지분을 사도록 하는 바람에 회사에 1,540억 원의 손실을 입힌 혐의에 대해선, 제3자 배정** 방식이고 행사 가격이 시가보다 현저히 낮으므로 배임죄에 해당한다며 무죄를 선고한 원심을 파기 환송했다.

삼성에버랜드와 삼성SDS 사건에 대한 대법원의 판결은 많은 논란을 낳았다. 특히 주주 배정 방식으로 신주를 저가에 배정받고 이를 실권하는 방식으로 사실상 증여세를 회피하여 재산을 물려줄 수 있도록 허용한 판례라는 점에서, 대법원 판례는 편법적 증여를 인정하

---

* 주주배정 offering to shareholders은 주식회사가 자기자금을 조달할 경우 그 발행 주식을 주주에게 배정하는 방법을 말한다. 주주는 정관에 다른 규정이 없으면 그가 가진 주식수에 따라 신주를 받을 수 있는데 이를 신주인수권이라고 한다.

** 신주발행의 경우, 특별법 또는 주주총회의 특별결의 등으로 유상증자를 하여 연고가 있는 자 또는 특정한 제3자에게 신주인수권을 할당하는 방법을 말한다. 제3자배정은 발행절차가 주주배정, 일반공모 방식 등에 비해 상대적으로 간편하고 비용, 소요기간 등이 상대적으로 적어 자금조달이 용이하다는 장점이 있다. 하지만 부실 기업들이 증권시장에서 퇴출당하는 것을 임시적으로 피하거나, 경영권 인수자금 조달의 수단으로 사용하는 문제점이 많이 발생되기도 한다. (기획재정부, 『시사경제용어사전』, 2010)

는 꼴이 된 것이다. 이 판결은 6 대 5의 다수 의견에 따라 내려진 것이었는데, 반대 의견을 제출한 5명의 대법관은 삼성에버랜드의 주주배정 방식도 제3자 배정 방식과 실질적으로 동일하므로 유죄임을 지적하였다.

파기 환송 사건을 담당한 서울고법 형사 4부(김창석 부장판사, 현 대법관)는 대법원이 재산정하라고 결정한 삼성SDS 신주인수권부사채의 적정 행사 가격을 1만 4,230원으로 보고, 신주인수권부사채 저가 발행으로 삼성SDS가 입은 손해액(즉, 배임액)을 227억 원으로 산정함으로써, 이건희 회장에게 (손해액이 50억 원이 넘으므로) 업무상 배임이 아닌 특경가법 상 배임 혐의를 적용하여 유죄를 인정하였다. 그런데 이건희 회장은 이미 차명 주식 거래를 통한 양도 소득세 포탈 혐의가 일부 유죄 인정되어 징역 3년에 집행 유예 5년, 벌금 1,100억 원을 선고받은 상태였으나, 재판부는 파기 환송심 선고 공판에서 삼성SDS의 신주인수권부사채의 저가 발행에 유죄를 선고하면서, 형량은 동일하게 유지하였다.

법원이 용인한 삼성그룹의 3세 승계와 관련된 불법·편법 행위는 삼성에버랜드와 삼성SDS 사건에만 국한된 것이 아니었다. 1997년 3월에 이재용 씨가 인수한 삼성전자 발행 사모전환사채의 전환 가격은 5만 원이었다. 그런데 발행 당시 시가는 5만 6,700원이었으며, 1997년 6월에 발행된 해외 전환사채의 전환 가격은 11만 6,763원이었다. 1997년 3월에 전환사채 발행이 결정된 것은 4월부터 전환사채를 이용한 대주주 지분 확대를 방지하기 위한 증권거래법 개정안이 시행될 예정이었기 때문으로 보인다(경제개혁연구소, 「경제 개혁 리포트」, 2011-07호). 그러나 참여연대가 고발해 진행된 '전환사채 발행 무효 소송'에서, 법원은 당시 가격이 저가였다는 점, 관련 이사회가 적법하게 개최되지 않은 점을 모두 인정하고도 전환권이 행사되어 주식이 발행된 상황에서 거래의 안전을 고려해야 하므로 전환사채 발행을 무효화할 수 없다고 결론 내렸다.

나는 법률 전문가가 아니다. 상식에 맞지 않은 법 집행이 이른바 삼성의 사회적 영향력 때문인지 아니면 현행 우리나라 법률의 미비점 때문인지 정확히 판단할 수 없다. 하지만 이런 부조리를 막기 위해서 법 개정이 필요하다면, 법이 바뀌어야 할 문제이다. 만약 법이 아무리 제대로 갖춰져 있어도 법을 해석하고 집행하는 사법부가 재벌의 영향을 받기 때문이라면, 사법부가 개혁되어야만 한다. 슬프게도 일부라고 말할 수도 있겠지만, 결정적인 판단을 해야 하는 자리에 있는 판사와 검사가 우연히도(?) 항상 재벌에 유리한 법 해석을 하고 있는 것은 아닌지 의구심을 떨쳐버리기 어렵다. 대법원 파기심을 담당했던 서울고법 형사 4부가 삼성SDS의 신주인수권부사채의 저가 발행에 유죄를 선고하면서, 형량은 동일하게 유지하여 이건희 회장이 징역 3년에 집행 유예 5년의 혜택(?)을 누릴 수 있도록 한 것이 과연 법 해석에 충실한 판결이라고 누가 믿을 수 있을까?

한겨레신문의 정석구 선임 논설위원은 2012년 8월 20일 자 논단에 다음과 같은 글을 썼다. "삼성에버랜드와 에스디에스(삼성SDS)에 대한 배임 혐의로 기소된 이건희 회장은 1심 판결 직전인 2008년

7월 재판부에 '양형 참고자료'를 냈다. 배임의 유무죄 결과에 상관없이 두 회사 손실액 2,508억 원을 모두 변제하겠으니 선처해 달라는 내용이었다. 그런데 재판 결과 배임액이 227억 원으로 줄었다. 그러자 이 회장은 그 차액 2,281억 원을 다시 찾아갔다. 돈을 다 낼 테니 잘 봐달라고 해놓고 유리한 판결을 받자마자 안면을 바꾼 것이다. 검찰도 이 회장이 재판부를 속였다는 걸 사실상 인정했다. 그런데도 검찰은 '법원 판례' 등을 들어 이 회장을 무혐의 처리했다. 일반인이 이런 짓을 했다면 온전히 살아남을 수 있었을까? (…) 지난 2월 18일 김천지원의 판결은 아주 예외적인 경우다. 대구지법 김천지원 민사합의부(재판장 최월영)는 삼성식 상식을 뒤엎고 대단히 용감한 판결을 했다. 이건희 회장 등이 에버랜드 전환사채를 인수하지 않음으로써 제일모직에 손해를 끼쳤다며 130여억 원을 배상하라고 판결한 것이다. 너무나 상식적인 판결이었음에도 원고 쪽조차 놀랄 정도였다. 재판부는 이 회장 등이 경영권 승계를 위해 에버랜드 전환사채를 헐값으로 발행해 이재용 등 자식들에게 넘겨주었다는 사실을 명쾌하게 판시했을 뿐 아니라 배상액도 원고 쪽 요구를 거의 그대로 인정했다. '일반인의 상식'으로 삼성 사건을 판결한 판사들의 앞날이 걱정되기는 하지만 모처럼 삼성식 상식을 허물어뜨린 의미 있는 판결이었다."

상식에 부합되는 사법 정의의 실현을 위해 사법부의 개혁이 필요해 보인다. 용기 있는 법조인들이 판례를 통해, 또는 관례의 개선을 통해 이루어 나가길 소망한다. 자발적 개혁이 없다면, 재벌개혁과 동시에 사법 개혁에 대한 국민의 요구에 직면하게 될 것이다. 사법부가 재벌개혁의 동반자가 될 수도 있고, 재벌 특권 보호의 마지막 보루가 될 수도 있기 때문이다. 물론 경제력 집중의 해소라는 재벌개혁이 병행되지 않는다면, 일시적 사법 개혁은 지속되기 어려울 것이다. 그리고 재벌의 경제력 집중 해소 방안과 동시에 재벌의 과도한 영향력을 제어할 수 있는 비경제적 정책들도 함께 강구될 필요가 있다. 특히 판사나 관료 들이 퇴임 후에 재벌에 기대지 않고서도 어느 정도 생활 수준을 충분히 유지할 수 있는 제도적 장치와 더불어 이해 상충 문제를 명시적으로 확인하는 방안을 고려해 볼 수 있을 것이다.

삼성그룹 총수 일가의 배임·횡령에 대한 사법적 판단의 비(非)상식 또는 '삼성식 상식' 문제와 더불어 부당내부거래에 대한 사법적 판단의 '삼성식 상식' 문제도 있었다. 삼성SDS의 신주인수권부사채 사건에 대해서는 1999년 공정거래위원회가 상속세법 상 미래 수익 가치를 반영한 비상장 주식 평가 방법을 이용해 주식 가치를 1만 4,536원으로 평가하여, 신주 인수권을 이재용 씨 등 6인에게 저가 매각한 것을 부당지원으로 판단하고 158억 원의 과징금을 부과하였다. 그러나 이 삼성SDS 부당내부거래 사건 역시 기존의 부당내부거래의 판례를 폐기하고 부당내부거래의 위법성에 대한 새로운 판례를 통해 무죄를 선고하였다. 더 이상한 점은 삼성에버랜드가 삼성생명 주식을 헐값에 매입한 것은 제대로 문제 제기조차 되지 않았다는 것인데, 그룹 지배에 핵심적인 기업의 주식을 헐값으로 매입하는 내부거래가 실효적으로 규율되지 못하는 현행 법체계에서는 불법·편법 승계를 막는 것이 사실상 불가능하다. 부당내부거래의 판례와 입법적 불비함과 관련된 이야기는 제4부에서 상세히 다루기로 하자.

2 재벌세습의 새로운 모형, SK그룹 총수의 지배권 강화 사례

SK그룹 개요

SK그룹은 1948년 최종건 초대 회장이 선경직물 공장을 정부로부터 불하받으면서 시작되었다. 1973년 최종건 초대 회장이 사망하면서 동생인 최종현 선대 회장이 그룹을 이어 받았으며, 1998년 최종현 선대 회장이 암으로 사망한 후에는 가족회의를 통해 최태원 회장에게 최종현 선대 회장의 모든 재산을 상속하고 SK 계열사들에 대한 경영권을 위임할 것을 결정하였다.

현재 SK그룹은 공정거래위원회가 지정한 기업 집단 중에서 자산 총액이 세 번째로 큰 재벌이다. 2011년 판 『공정거래백서』에 따르면, 2010년 4월 기준으로 SK그룹은 75개의 계열사를 거느리고 약 87조 5,000억 원의 자산을 보유하고 있다. SK그룹은 1980년 정유 회사인

〈그림 3-1〉 2010년 4월 SK그룹 순환출자 구조

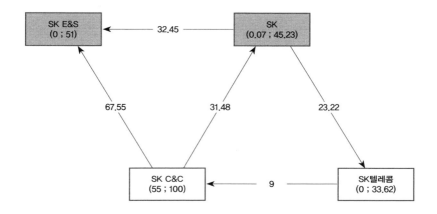

대한석유공사, 1994년 SK텔레콤의 전신인 한국이동통신을 인수하면서 급성장해 왔다. SK그룹은 SK이노베이션 등의 에너지 및 화학부문, SK텔레콤 등의 정보 통신 부문, 그리고 SK네트웍스 등의 기타 서비스 부문으로 구성되어 있는데, 최근에 하이닉스반도체를 인수함으로써 반도체 부문에도 진출하였다.

외형상 SK그룹은 현재 (주)SK를 지주회사로 한 지주회사 체제를 갖추고 있다. 그러나 법적으로는 지주회사가 아닌 SK C&C를 최태원 회장이 지배하고(2011년 현재 최태원 회장이 44.5%, 그리고 여동생 최기원 씨가 10.5% 지분을 소유하고 있으며, 자기 주식 등도 지분의 6.9%를 차지함), SK C&C가 (주)SK라는 지주회사를 지배함으로써 그룹 전체를 지배하는 기형적인 모습을 보인다. 한편 〈그림 3-1〉을 보면 알 수 있듯이, 2010년까지는 '(주)SK-SK텔레콤-SK C&C-(주)SK'를 연결하는 순

환출자 구조를 완전히 해소하지는 못하고 있었으며, 2011년에 SK텔레콤이 SK C&C에 대한 지분을 정리함으로써 순환출자를 해소하게 된다(《그림 3-2》 참조).

지분 승계와 종자기업 만들기

최종현 선대 회장이 암으로 갑자기 사망하여 충분히 그룹 승계 준비가 되지 않은 상태에서 최태원 회장이 승계받았다는 점에서, 최태원 회장으로의 지배권 승계와 강화 과정은 삼성그룹의 3세로의 승계 과정과 대비된다. 그러나 SK그룹의 지배권 승계·강화 과정도 최태원 회장이 SK C&C라는 종자기업을 지배하고, 이 종자기업의 덩치를 키우면서 종자기업이 그룹 전체를 지배할 수 있도록 출자 구조를 변경하였다는 면에서, '종자기업 만들기와 종자기업 중심의 지배구조 재편'이라는 재벌 총수 일가의 전형적인 불법·편법적 지배권 승계 및 강화 과정의 하나라고 할 수 있다. 또한 SK C&C라는 종자기업 중심의 지배권 유지를 위해 배임과 같은 범죄가 저질러졌다는 점도 공통된 것이었다. 그러나 SK C&C라는 종자기업을 키우기 위해 일감 몰아주기라는 부당내부거래가 주로 사용되었다는 점과 취약했던 SK C&C를 중심으로 한 그룹의 지배구조를 재편하기 위해 지주회사제도로의 전환을 이용하였다는 점에서 새로운 '종자기업 만들기와 종자기업 중심의 지배구조 재편' 모형을 보여 준 것으로 평가

〈그림 3-2〉 2011년 4월 SK그룹 출자 구조

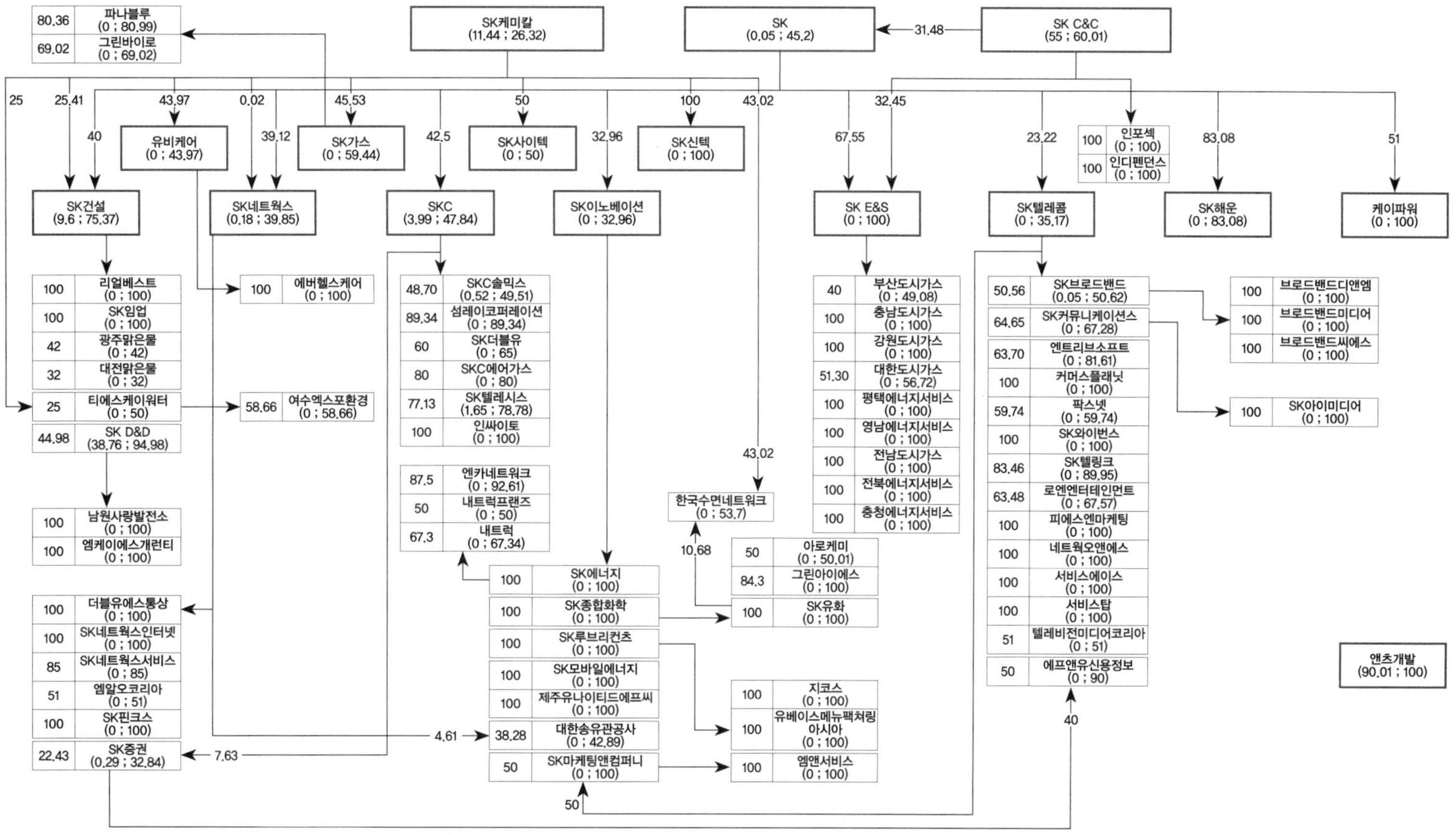

할 수 있다.

1998년 가족회의를 통해 선대 회장의 모든 재산을 상속한 최종현 회장은 계열사 지분과 미술품, 부동산 등 상속 재산을 신고하고 국세청으로부터 730억 원의 세액을 통보받는데, 상속세의 6분의 1을 현금으로 우선 납부하고 나머지는 주식 등을 담보로 5년간 분할 납부하겠다고 밝힌다. 그런데 최태원 회장은 상속받은 주식 대부분을 매각하는 대신에, 1994년에 매입한 SK C&C 지분을 이용해 SK 그룹 전체를 지배하는 전략을 채택하였다.

1991년 4월에 설립된 SK C&C는 ㈜SK와 SK건설이 100% 지분을 보유하고 있었다. 최태원 회장은 1994년 ㈜SK로부터 SK C&C 지분 70%를 주당 400원에 매입하였다. 그런데 참여연대가 1998년 SK텔레콤과 SK C&C의 지원성 거래에 대해 문제 제기를 하자, 최 회장은 SK텔레콤에 SK C&C 지분 21%를 증여하고 또 2002년에 SK 증권의 손실 보전을 위해 SK C&C 지분 4.5%를 SK증권에 증여하였다. 따라서 2002년 이후 최태원 회장의 SK C&C 지분은 44.5%로 유지되고 있다. 그럼에도 불구하고, 경제개혁연구소의 「경제 개혁 리포트」(2011-08호)에 따르면, 최태원 회장은 1994년부터 2010년까지 SK C&C 주식 투자로 연평균 약 221%의 수익률을 올렸으며, 2010년 말 현재 최태원 회장이 보유하고 있는 SK C&C의 주식 평가액은 1조 9,402억 원에 이른다.

최태원 회장이 이처럼 경이로운 투자수익률을 올릴 수 있었던 것은 기본적으로 SK텔레콤 등의 계열사들로부터의 SK C&C에 대한 부당지원이 있었기 때문이다. SK C&C는 1994년 최태원 회장이 지분을 매입하기 직전까지는 매출액이 거의 발생하지 않는 회사였으나, 1994년 이후 매출액과 당기 순이익이 비약적으로 증가하였다. 즉, SK C&C가 SK텔레콤 등과의 거래를 통해 본격적으로 성장하기 직전에 (주)SK는 지분을 최태원 회장에게 판 꼴이었다. 1994년은 SK그룹이 SK텔레콤의 전신인 한국이동통신을 인수한 해이다. SK C&C는 1996년 SK그룹 전산실을 흡수하고, 1998년 SK그룹 12개 계열사의 IT자산을 인수하여 계열사들에게 전산 용역을 제공하였다. 이것이 회사 기회 유용에 해당된다는 참여연대의 지속적 문제 제기에 최태원 회장은 SK C&C 지분 21%를 SK텔레콤에 무상 증여한 것이다. 그러나 무상 증여 이후에도 최 회장의 SK C&C 지분은 49%나 되었고, 따라서 이 무상 증여는 최태원 회장의 SK C&C 지배와 SK C&C를 통한 그룹 지배에는 영향을 미치지 않았다.

종자기업 중심의 지배구조 재편

2001년까지 SK그룹의 지배구조는 (주)SK를 중심으로 이루어졌다. (주)SK는 SK글로벌 지분 39.2%, SK텔레콤 지분 26.8%, SK해운 지분 35.5%를 보유한, 이들 핵심 계열사들의 최대 주주였다. 한편 SK글로벌(현 SK네트웍스)과 SK C&C가 (주)SK의 지분을 각각 11.6%와 8.7% 보유하는 순환출자 구조를 통해 (주)SK는 총수 일가의 지배를 받고 있었다(《그림 4-1》 참조).

최태원 회장이 승계한 이후인 2001년에는 SK C&C가 (주)SK의 최대 주주가 됨으로써, SK C&C를 중심으로 하는 순환출자의 재편이 완결되는 듯하였다. 2000년 12월과 2001년 1월에 SK C&C는 (주)SK의 주식을 매수해 지분을 8.7%에서 10.8%로 늘렸고, 다른 한편으로는 2000년 7월 SK글로벌이 SK에너지판매와 합병되고 2001년 1월 SK글로벌이 보유하던 (주)SK의 주식 11.6%를 매도하였다. 이리하여 2001년 SK C&C가 (주)SK의 최대 주주가 되었다(《그림 4-1》 및 《그림 4-2》 참조). 한편 (주)SK의 최대 주주가 SK C&C로 변경될 무렵, SK글로벌은 이미 엄청난 규모의 부실을 감추고 있었는데, 이 사건에 대해서는 아래에서 상세히 다루기로 하자.

삼성그룹의 3세 승계 과정에서 삼성생명의 주식을 증여받는 대신에 삼성에버랜드라는 종자기업을 통해 삼성생명을 지배하는 출자 구조를 만든 것처럼, 최태원 회장에 의한 SK그룹 승계도 (주)SK의 주식을 증여받는 대신에 SK C&C라는 종자기업을 통해 (주)SK를 지배하는 출자 구조를 만들었다. 그러나 여기에 예상하지 못한 사건이 발생한다. 1999년 12월에 재도입된 출자총액제한제도(출총제)에 의해, 출자총액제한제도의 규율을 받는 기업 집단의 계열사들은 순자산액의 25%를 초과해 다른 기업들의 주식을 취득할 수 없게 되었다. 또 기존의 출자 한도 초과분은 2002년 3월 31일까지 해소하도록 규정되었다. SK C&C는 2002년 당시 순자산은 879억이었던 반면에, (주)SK 주식 취득 원가는 1,972억 원이었다. 따라서 2002년 4월

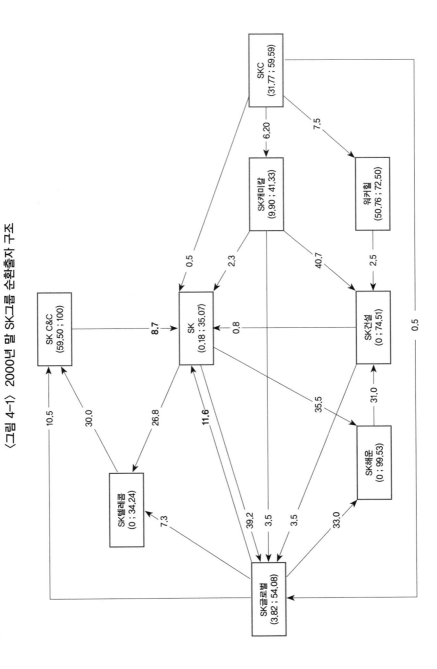

〈그림 4-1〉 2000년 말 SK그룹 순환출자 구조

SKC
(31.77 ; 59.59)

워커힐
(50.76 ; 72.50)

SK케미칼
(9.90 ; 41.33)

SK건설
(0 ; 74.51)

SK C&C
(59.50 ; 100)

SK
(0.18 ; 35.07)

SK해운
(0 ; 99.53)

SK텔레콤
(0 ; 34.24)

SK글로벌
(3.82 ; 54.08)

6.20

7.5

0.5

2.3

40.7

2.5

8.7

0.8

35.5

31.0

10.5

30.0

26.8

11.6

39.2

3.5

3.5

33.0

7.3

0.5

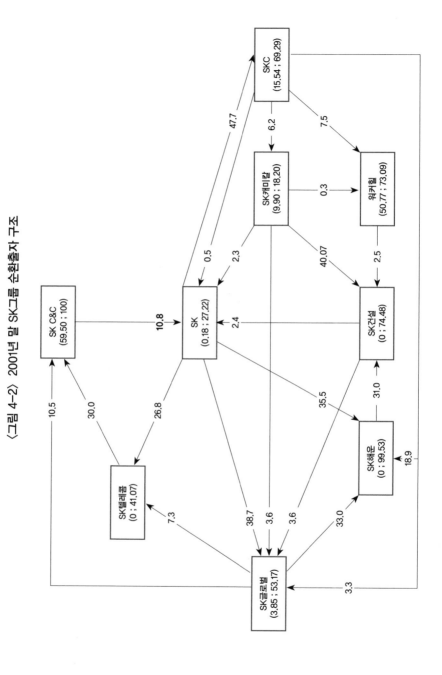

〈그림 4-2〉 2001년 말 SK그룹 순환출자 구조

부터 SK C&C가 보유하고 있던 (주) SK 지분 10.83% 중 9.5%가량에 대해 의결권을 행사하지 못할 상황에 처했던 것이다. SK 그룹은 SK C&C가 취득한 (주) SK의 주식을 최태원 회장에게 매도하여 총수의 그룹 지배권을 유지하려고 하였다. 이를 위해 2002년 3월 최태원 회장은 자신 소유의 워커힐 주식 326만 주와 SK C&C 소유의 (주) SK 주식 646만 주를 맞바꾸는 거래를 하였고, 또 워커힐 주식 60여만 주를 고가에 SK글로벌에 떠넘기는 방식으로 차익을 얻어 워커힐 주식과 SK C&C 주식을 맞바꾸면서 발생한 양도 소득세 220여억 원을 충당하였다(《그림 4-3》 참조). 그러나 이 거래는 최태원 회장이 배임 혐의로 구속되면서 취소되게 된다.

이 와중에 2003년 SK네트웍스의 분식 회계 사건이 불거지면서 SK그룹 주가가 급락하였고, 소버린Sovereign이라는 외국 투자사가 (주) SK 지분 8.64%를 보유하고 있다고 공시하였다. 소버린은 (주) SK의 최대 주주가 된 이후 (주) SK의 SK네트웍스에 대한 지원을 반대하고, 분식 회계와 관련된 손길승, 최태원, 김창근 씨 등 (주) SK 경영진의 사임을 요구하였다. 그러나 2004년과 2005년 주주 총회에서 소버린은 모두 패하고, 결국 2005년 7월 보유한 주식 전량을 매각하였다. 이른바 소버린 분쟁을 겪은 SK그룹과 최태원 회장은, 이후 최태원 회장의 그룹 지배권을 강화하기 위해서 지주회사제도로 전환을 준비하고, 2007년에 이를 공식화하였다.

SK그룹의 지주회사제도 전환은 이를 통해 총수 일가의 지배권을 강화시킬 수 있다는 점과 현행 지주회사제도의 맹점을 이용해 재

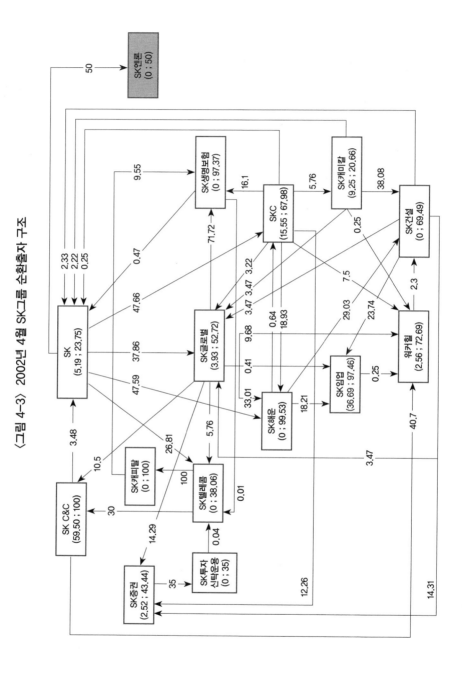

〈그림 4-3〉 2002년 4월 SK그룹 순환출자 구조

IOO : 벌거벗은 재벌님

벌 지배권 승계가 가능할 수 있다는 점 모두를 잘 보여 준 사례이다. 우선 지주회사로 전환하기 위해서는 회사가 분할되어야 한다. 분할이란 한 회사의 권리 및 의무의 전부 또는 일부를 분리하여, 하나 이상의 신설 회사 또는 기존 회사에 포괄 승계하고 그 대가로서 신설 회사 또는 기존 회사의 주식을 부여받는 제도이다. LG그룹, SK그룹, CJ그룹 등 대부분의 재벌은 인적 분할을 통해 지주회사제도로 구조 전환을 하였는데, 인적 분할로 회사를 나눌 경우 기존 회사의 지분을 가진 주주는 그 지분율만큼 존속 회사와 신설 회사의 지분을 갖게 된다. 그런데 기존 회사가 자사주를 가지고 있는 경우에 인적 분할이 되면, 기존 회사는 존속 회사에 대해 자사주를 보유하는 동시에 신설 회사의 주식도 보유하게 된다. 이때 자산 증대의 효과가 나타난다. 원래 자사주는 자산에 포함되지 않는데, 인적 분할로 인해 존속 회사가 갖게 되는 신설 회사의 지분이 존속 회사의 투자 자산으로 취급되는 것이다. 따라서 자사주가 있는 경우 분할 전 자본 총계와 분할 후 자본 총계가 일치하는 것이 아니라, 신설 회사에 대한 자사주 지분만큼 자본이 늘어나게 된다. 결국 회사를 분할하는 것만으로 자본을 늘리는 효과를 얻게 되는 셈이다. 2006년 10월 ㈜SK는 전체 상장 주식의 10%인 1,300만 주, 당시 주가로 9,000억 원어치가 넘는 자사주를 매입하겠다고 발표했는데, 이는 지주회사 제도로 전환을 준비하기 위한 것으로 추론된다. 2007년에 SK그룹이 ㈜SK를 존속 회사인 ㈜SK와 신설 회사인 SK에너지로 29 대 71의 인적 분할을 했는데, ㈜SK의 경우 분할 전 보유한 자사주

17.1%로 인해 8,535억 원을 신설 지주회사인 ㈜SK에 투자 자산으로 추가하게 되었다.

한편 상장 자회사 및 손자회사에 대한 주식 인적 분할이 완료되어 지주회사와 신설 회사인 사업 자회사로 분리될 경우, 지주회사는 지주회사 요건을 갖추기 위해 2년이라는 유예 기간을 갖는다. 지주회사 전환 당시 지주회사의 요건을 전부 구비하지 않아도 2년이라는 유예 기간 내에만 구비하면 지주회사 전환이 완료되는 조건부 승인의 개념이다. 따라서 인적 분할을 완료한 기업들은 2년 내에 지주회사 전환 요건을 구비하기 위해 공개 매수*를 통한 유상증자를 시도한다. 이때 대주주는 최대한 지주회사의 지분 확보를 기도한다. 이를 위해 자회사와 지주회사 주가의 괴리율을 높임으로써 주식 맞교환 때 차익 거래 기회를 제거하여, 일반 주주의 응찰률을 낮추고 대주주가 획득할 지주회사의 신주 지분율을 극대화하려는 전략을 사용하게 된다. SK그룹의 경우 2007년 8월 지주회사 요건 구비를 위해 SK에너지 주식 15.3%인 1,400만 주에 대해 주당 13만 6,000원에 공개 매수를 추진하겠다고 발표하였다. 그리고 공개 매수 선언 이후, 인천정유 합병 추진 발표, 네비게이션 사업 진출 선언, 중국 아스팔트 자회사의 홍콩 증시 상장 추진 등 각종 호재를 터트리며 주가 상승을 유도하였다. 그 결과 10월 2일 종가 기준으로 SK에너지 주가

---

* 특정기업의 주식을 주식시장 밖에서 불특정다수인을 상대로 공개적으로 사들이는 방식이다. 비용이 많이 드는 단점이 있으나 단기간 내에 경영권 확보를 할 수 있다는 점에서 적대적 기업매수에 많이 사용된다.

는 15만 9,000원으로 공개 매수 기준가를 훨씬 초과하였다. 결국 공개 매수 가격을 기준으로 SK에너지와 ㈜SK의 신주의 주가 비율이 1:0.7619인 데 반해, 10월 2일 종가 기준으로 SK에너지와 ㈜SK의 신주 주가 비율은 1:0.793이 되어 공개 매수에 응할 일반 투자자가 없어져 버렸고 대주주만이 공개 매수에 응할 수 있었다. 그런데 ㈜SK는 이미 SK에너지의 주식을 17.1% 보유하고 있었기 때문에 공정거래법 개정안에 따르면 2.9%만 매수하면 지주회사 요건을 구비함에도 불구하고, 15.3%의 주식을 매수하겠다고 나섰다. 문제는 지주회사인 ㈜SK 주식이 그만큼 추가 발행됨으로써, 기존의 ㈜SK 일반 주주들의 지분율이 희석된다는 점이다. 이러한 일반 주주의 지분율 희석을 통해 재벌 총수는 지주회사 전환에 비용을 들이지 않고도 지주회사의 지분율을 늘리고, 이로써 그룹 전체의 지배력을 강화할 수 있게 되는 것이다.

이와 동시에 SK C&C는 ㈜SK의 신주(17만 8,500원)를, 인적 분할로 소유했던 SK에너지 주식(13만 6,000원)과 전량 교환한다. 이로써 SK C&C의 ㈜SK에 대한 지분은 27.13%로 증가하게 된다(〈그림 5-1〉, 〈5-2〉 참조). 이후에도 SK C&C는 수시로 ㈜SK 주식을 매입하여, 2009년 4월 현재 31.48%의 지분을 보유하게 된다(〈그림 5-3〉 참조). 결국 SK그룹은 지주회사제도 전환을 이용해, 최태원 회장이 SK C&C를 통해 지주회사인 ㈜SK를 지배하고, ㈜SK를 통해 그룹 전체를 안정적으로 지배할 수 있는 지배구조의 재편을 달성하게 된 것이다.

〈그림 5-1〉 2007년 4월 SK그룹 순환출자 구조

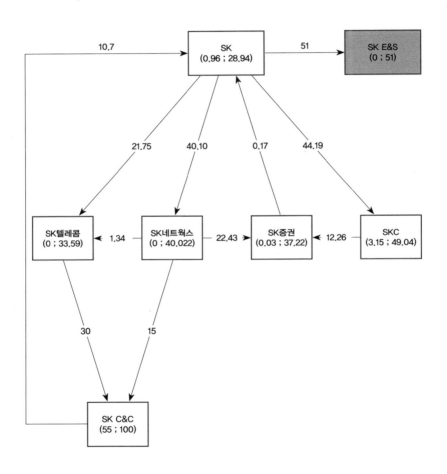

〈그림 5-2〉 2008년 4월 SK그룹 순환출자 구조

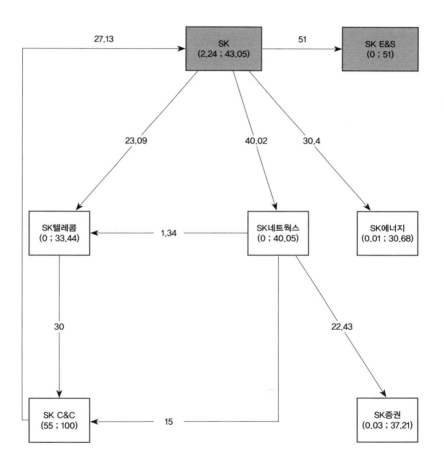

〈그림 5-3〉 2009년 4월 SK그룹 순환출자 구조

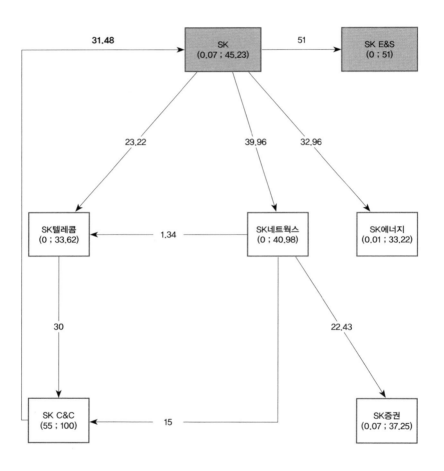

SK그룹 사례의 함의 : 지배권 승계의 새로운 모형

최태원 회장으로의 지배권 승계 및 강화 과정은 비상장 회사의 지분 인수와 이러한 지분 인수로 지배하게 된 비상장 회사를 종자기업 삼고 이 종자기업의 주가를 경이롭게 증가시켰다는 점, 그리고 종자기업을 중심으로 그룹의 지배구조를 재편하였다는 점에서 삼성그룹의 3세 승계 과정과 본질적으로 동일하다. 그러나 종자기업인 비상장 회사의 지분 인수는 다른 계열사 주식을 매입하는 방식을 취하였다는 점에서 전환사채 발행과 기존 주주의 실권을 통해 주식을 매입한 삼성그룹의 경우와 달랐다. 또 삼성에버랜드가 삼성생명의 주식을 취득하고 삼성카드 등의 계열사들이 삼성에버랜드 주식을 취득하는 과정을 통해 자본을 대폭 확충한 것과 달리, SK C&C는 계열사들의 일감 몰아주기와 같은 지원 행위를 통해 매출과 순이익을 획기적으로 증가시켰다.

또한 삼성에버랜드 전환사채 사건에서와 같이, 종자기업 지배권 획득과 직접 관련된 배임 문제로 고소가 제기되기보다는, 출자총액제한제도의 재도입으로 위태로워진 그룹 지배권을 지키기 위해 그룹 계열사와 총수의 주식 교환 과정에서 배임 문제가 발생하였다. 또 기업의 부실을 은폐하기 위한 전형적인 분식 회계 문제가 불거졌다는 점에서도 차이가 발견된다. 그러나 재벌 총수의 범법 유형이나 정도와 상관없이 법원이 최종 선고한 형량은 징역 3년에 집행 유예 5년으로 동일하다. SK글로벌 분식 회계, JP모건과 SK증권 간의 이면 계약, 워커힐 주식과 ㈜SK 주식의 맞교환으로 인한 배임 등의 혐의에 대해, 1심 재판부는 최태원 회장이 SK글로벌의 채무를 줄여 1조 5,587억 원의 이익을 부풀리는 등 분식 회계를 하고, 그룹 지배권 확보 과정에서 워커힐 주식과 ㈜SK 주식의 맞교환으로 959억의 부당 이득을 취하며, JP모건과 SK증권 간의 이면 계약 과정에 개입해 계열사에 1,112억 원의 손실을 끼쳤다는 혐의로 징역 3년을 선고하였다. 그러나 항소심 재판부는 "SK글로벌의 부실 등 SK그룹 전체가 안고 있는 문제점은 상당 부분 피고인의 책임으로 돌릴 수 없고, 이들 문제를 해결하려다 범행에 이르렀으며 향후 투명한 경영을 다짐하고 있다"는 이유로 집행 유예를 선고했다. 대법원 1부(주심 전수안 대법관)는 2008년 5월 29일 최 회장에 대한 상고심에서 징역 3년에 집행 유예 5년을 선고한 원심을 확정했다.

이런 유사점과 차이점에도 불구하고, 최태원 회장으로의 지배권 승계와 강화 과정에서 가장 주목되는 것은 일감 몰아주기로 종자기업 키우기와 지주회사 전환을 통한 지배권 강화이다. 앞서 살펴보았듯이, SK C&C는 계열사들의 일감 몰아주기와 같은 지원 행위를 통해 매출과 순이익을 획기적으로 증가시켰다. 「경제 개혁 리포트」(2011-08호)에 따르면, 2006년부터 2010년까지 SK C&C의 매출액 중 SK텔레콤과 ㈜SK 등 계열사와의 매출 비중이 63.9%에 이른다. 공정거래위원회는 마침내 올해 SK텔레콤 등 SK그룹 7개 계열사가 SK C&C와 시스템 관리·유지 보수 계약을 체결하면서 현저히 유리한 조건으로 일감을 몰아줌으로써 SK C&C를 부당지원하였다며, 과징금 총 346억 6,100만 원을 부과하였다. 그러나 이번 SK C&C에 대한 부당내부거래 사건은 오히려 재벌 총수의 그룹 지배권 승계에 이용되는 부당지원 행위를 현행 법체계에서는 제대로 규율할 수 없음을 보여 주는 사례라고 할 수 있다. 부당지원 행위에 대한 현행 법체계의 문제점과 개선 방안은 제4부에서 상세히 논의하기로 한다.

2007년부터 시작된 SK그룹의 지주회사제도 전환은 재벌들이 지주회사제도로의 전환을 통해 순환출자 구조를 해소할 수 있을 뿐 아니라 오히려 총수 일가의 그룹 지배권을 강화시킬 수 있음을 보여 준 것이다. 그러나 더 중요한 점은 현행 지주회사제도에서는 지주회사는 자회사를 제외한 계열사의 주식을 보유하지는 못하나, 자회사나 손자회사가 아닌 다른 계열사는 지주회사 주식을 보유할 수 있다는 맹점이 존재한다는 사실이다. 지주회사제도로 전환한 SK그룹의 경우 법적 지주회사는 (주)SK이나, 실질적으로 (주)SK를 지배하고 있는 회사는 지주회사제도에 포함되어 있지 않은 SK C&C이다. 따라서 순환출자가 금지돼 재벌들이 지주회사제도로 전환하여도, 여전히 종자기업을 만들어 그 종자기업을 지주회사 위에 얹어 그룹 전체를 지배하도록 하는 출자 구조의 변경을 통해서 편법적 승계가 가능하다. 향후 재벌개혁 논의에서 순환출자 문제만이 아니라 지주회사제도 개선에 대한 논의가 꼭 필요한 이유가 여기에 있다.

3 문어발식 확장의 전형, 현대차그룹의 사업 영역 확장 사례

현대차그룹 개요

현대차그룹은 2000년 9월 현대그룹으로부터 분리되었으며, 총수는 현대그룹 창업자 정주영 씨의 2남인 정몽구 회장이다. 현재 현대차그룹은 공정거래위원회가 지정한 기업 집단 중에서 자산 총액이 두 번째로 큰 재벌이다. 2011년 판 『공정거래백서』에 따르면, 2010년 4월 기준으로 현대차그룹은 42개의 계열사를 보유하고 약 100조 7,000억 원의 자산을 가지고 있다. 현대차그룹은 분리 당시에는 자동차와 철강 제조가 중심을 이루었으나, 금융, 물류, 건설, 광고업 등으로 사업 영역을 확장해 갔으며 2011년에는 현대건설을 인수하였다.

현대자동차그룹 지배구조의 핵심 고리는 '현대자동차-기아자동차-현대모비스-현대자동차' 간의 순환출자라고 할 수 있는데《그림 6〉참조), 정몽구 회장은 그룹의 핵심 계열사인 현대자동차, 현대모비스, 현대제철 등과 신설 법인 현대글로비스에 골고루 지분을 갖고 있다. 이에 반해 자녀들은 주력 계열사보다 신설 법인들의 지분을 많이 갖고 있다. 예를 들어, 2010년 말 현재 정의선 현대자동차 부회장이 보유한 신설 계열사의 지분은 현대글로비스 31.88%, 현대엠코 25.06%, 이노션 40%, 현대오토에버 20.1%, 현대위스코 57.87%, 서림개발 100% 등인 반면, 핵심 계열사 중에서는 기아자동차 지분 1.73%만을 보유하고 있다(경제개혁연구소, 「경제 개혁 리포트」, 2011-10호).

3세로의 지배권 승계 : 그 밥에 그 나물

정몽구 회장으로부터 정의선 부회장으로의 그룹 지배권 승계는 현대글로비스라는 종자기업 만들기 과정을 통해 이루어졌다는 점에서 근본적으로 삼성그룹이나 SK그룹의 승계 과정과 동일하다. 또한 이런 종자기업 만들기 과정에서 물량 몰아주기와 같은 부당내부거래가 이루어졌다는 점도 유사하다. 그리고 총수인 정몽구 회장이 횡령과 배임으로 유죄 판결을 받고, 징역 3년과 집행 유예 5년을 선고받아 법정 구속을 면하고 자유의 몸이 되었다는 점도 똑같다. 지배권 승계와 관련해 현대자동차그룹의 특이점은 아직 종자기업인 현대글로비스를 중심으로 한 출자 구조 전환을 완성하지 못하고 있다는 것이다. 그러나 순환출자 규제의 정도에 따라, 현대글로비스

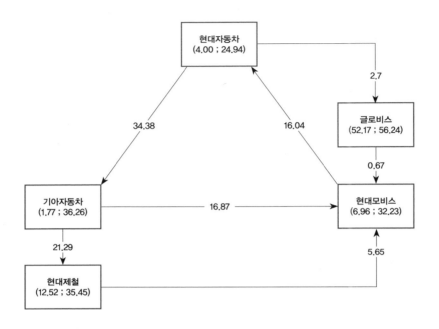

〈그림 6〉 2010년 4월 현대자동차그룹 순환출자 구조

중심의 지주회사제도로 전환할지 또는 기존 순환출자를 유지하면
서 현대글로비스를 통해 현대모비스를 장악하는 방식을 채택할지
두고 볼 일이다.

　이 장에서는 현대자동차그룹의 3세 승계 문제보다는 현대자동차
그룹의 문어발식 확장에 초점을 두기로 한다. 현대자동차그룹의 불
법·편법 승계가 삼성그룹이나 SK그룹보다 덜 심각한 문제이기 때문
은 아니다. 두 재벌을 통해 불법·편법 승계 과정의 문제점을 충분히
맑은 눈으로 볼 수 있었다고 생각한다. 그리고 이런 불법·편법 승계

는 거의 모든 재벌의 공통된 문제이다. 다만 현대자동차그룹 사례를 통해 이른바 재벌의 문어발식 확장의 전형을 볼 수 있다는 점 때문에, 논의의 초점을 계열사의 문어발식 확장에 두려는 것이다.

사업 영역의 확장 : 문어발식 확장의 전형

현대자동차 그룹은 총수의 직계 가족뿐만 아니라 방계 가족인 조카들도 경영에 참여하고 있는데, 이런 친인척의 경영 참여는 '문어발식 확장'과 깊은 상관관계가 있다. '문어발식 확장'은 학술적 용어는 아니다. 기업은 단일 사업 영역에 종사하는 것이 항상 바람직하다는 것을 함의하는 말도 아니다. 기업은 생산에 필요한 원료를 만드는 다른 기업 또는 생산된 제품을 판매하는 다른 기업과 합병하거나 계열 회사 관계를 맺는 수직 계열화를 구축하기도 한다. 물론 수직 계열화 대신 장기적 계약을 체결하는 대안도 있다. 또한 기업들은 특정 사업 영역이 계절이나 경기 변동에 민감할 때, 사업 다각화를 통해 이런 수익 변동을 최소화하고자 한다. 예를 들면, 냉면 전문 업소가 냉면뿐 아니라 겨울에 즐겨 찾는 갈비탕을 함께 파는 경우가 있는데, 기본이 되는 육수 내는 기술을 공통으로 활용하면서 여름과 겨울 매출을 일정하게 유지하기 위한 다각화의 시도라고 볼 수 있다. 그러나 규모가 큰 기업의 경우는 현금 흐름이나 수익을 일정하게 유지하기 위해 '사업 다각화'보다는 보유하고 있는 '금융 자산의 다각화'를 채택하는 것이 더 효율적이라는 연구 결과들이 있다.

그렇다면 합리적인 사업 영역의 다각화와 문어발식 확장의 차이점은 무엇일까? 합리적 사업 영역의 다각화는 기업 경영자가 기업의 이윤을 최대화하기 위해서 다각화를 결정한다는 의미가 될 것이다. 이에 반해 문어발식 확장은 기업의 이윤을 최대화하기 위한 합리적 의사결정에 근거한 것이 아닌, 기업의 정치적, 사회적 영향력을 확대하기 위한 사업 영역의 확장이나 (계열사들의 이익과는 반하지만) 총수 일가의 이익을 충족시키기 위한 사업 영역의 확장을 의미한다. 총수 일가의 이익을 충족시키는 사업 영역의 확장은 주로 직계 가족에 대한 지배권 승계나 방계 가족에 대한 증여의 방편으로 사용될 수 있는데, 최근에 문제시되는 재벌의 문어발식 확장은 바로 총수 일가의 이익을 위한 사업 영역의 확장이라고 할 수 있다. 특히, 방계 가족에 대한 증여의 방편으로 사용되는 문어발식 확장은 골목 상권 붕괴 문제와도 관련되어 있다.

2000년 분리 이후에 현대자동차그룹의 외연 확장을 살펴보면, 이러한 전형적인 문어발식 확장을 목격할 수 있다. 〈표 1〉에서 알 수 있듯이, 현대자동차그룹이 분리되기 직전 현대그룹에는 30개 업종에 걸쳐 35개 계열사가 존재하였으며, 2000년 9월 현대그룹으로부터 분리된 당시 현대자동차그룹은 16개 업종에 18개 계열사를 거느리고 있었다. 그런데 2012년 현재 현대자동차그룹은 44개 업종에 56개 계열사를 가지고 있다. 즉 그룹 분리 이전의 현대그룹보다도 1.6배 정도 많은 업종에 진출해 있으며, 계열사 수도 1.5배 정도 늘

〈표 1〉 현대그룹과 현대차그룹 사업영역 비교

	현대그룹 (2000년, 분리 전)	현대자동차그룹 (2001년, 분리 후)	현대자동차그룹 (2012년 현재)
계열사 수	35개사	18개사	56개사
계열사 업종 (KSIC-9 세세분류)*	30개 업종	16개 업종	44개 업종

자료 출처 : KISLINE (NICE신용평가정보)

* 한국표준산업분류(Korea Standdard Industrial Classification)에서 산업별로 다섯 자리 수 (세세분류)로 분류한 방식에 따른 것.

어난 것이다. 현대자동차그룹의 이런 업종 다양화가 과연 정상적인 사업 다각화의 결과일까?

〈표 2〉는 2009년부터 2011년까지 3년 동안 현대자동차그룹 계열사들의 총자산순이익률(ROA)과 자기자본순이익률(ROE)을 계산한 것이다. 표에서 '주력 회사'는 자동차 생산·판매와 관련된 업종에 종사하는 계열사들을 의미하고, 'SI & 광고 회사'는 전산 시스템 관리·유지 보수 등을 담당하는 회사SI(System Integration)와 광고 회사를 포함하는데, 현대자동차그룹의 경우는 현대오토에버시스템즈와 현대씨앤아이가 SI업체이고 이노션이 광고 회사이다. '비주력 회사'는 '주력 회사'와 'SI & 광고 회사'의 범주에 속하지 않는 계열사들로 현대글로비스도 이 범주에 속한다. 그런데 현대글로비스와 'SI & 광고 회사'들은 일감 몰아주기와 같은 부당내부거래가 빈번히 일어난다고

〈표 2〉 현대자동차그룹 계열사 ROA, ROE

(단위 : %)

지정 연도 (년)	ROA (총자산순이익률)			ROE (자기자본순이익률)		
	주력 회사	비주력 회사	SI & 광고 회사	주력 회사	비주력 회사	SI & 광고 회사
2009	3.76	1.29(11.57)	12.00	6.94	3.23(20.53)	40.74
2010	5.52	2.33(13.72)	9.96	12.87	3.64(26.04)	29.09
2011	5.90	0.75(14.82)	11.98	11.67	1.10(27.26)	40.15

자료 출처 : KISVALUE (NICE신용평가정보)

* '지정 연도'란 상호 출자 제한 기업 집단 지정 연도를 뜻함.
* '주력 회사'는 자동차 생산 · 판매 관련업을 영위 업종으로 하는 계열사들을 말함.
* 'SI & 광고 회사'는 ㈜이노션, 오토에버시스템즈㈜, 현대씨앤아이㈜를 말함.
* '비주력 회사'는 '주력 회사' 및 'SI & 광고 회사' 이외의 계열사를 말함.
* '비주력 회사' 항목의 괄호 안 수치는 현대글로비스의 ROA와 ROE임.
* KISVALUE에서 자료를 구할 수 있는 기업만 (기본적으로 외감 기업 이상) 포함하고, 금융 보험 업종 계열사는 제외했음.
* ROA, ROE는 산술 평균 값임.

의심받는 업종에 속하며, 동시에 재벌의 지배권 승계에서 종잣돈을 만들거나 종자기업을 만들기 위해 이용되는 계열사들이기도 하다. 실제 정의선 부회장은 현대글로비스의 지분을 31.88% 보유하고 있는 최대 주주이며, 현대글로비스로부터 무려 290%의 연평균 투자 수익을 거두었다. 또한 정 부회장은 현대오토에버 지분 20.1% 보유에 연평균 투자수익률 41%를 거두었고, 이노션 지분 40%를 보유하고 연평균 투자수익률 127%를 올리고 있다(경제개혁연구소, 「경제 개혁 리포트」, 2011-10호).

〈표 2〉는 현대자동차그룹의 주력 업종과 무관한 계열사들로의 확장이 직계 가족에 대한 지배권 승계나 방계 가족에 대한 증여의 방편으로 사용되고 있음을 시사한다. 먼저, 현대글로비스와 'SI & 광고 회사'인 계열사들의 ROA와 ROE는 주력 회사들의 평균 ROA와 ROE보다 훨씬 높다. 이들 계열사들이 높은 수익률을 내는 것은 주로 다른 그룹 계열사들이 일감을 유리한 조건으로 몰아주는 부당내부거래 덕분으로 추론된다. 실제 2007년 9월 공정거래위원회는 현대자동차가 현대글로비스를 비롯한 5개 계열사에 부당지원을 했다는 이유로 507억 9,400만 원의 과징금을 부과하였는데, 공정위의 처분에 대해 현대자동차가 불복해 이 사건은 현재 대법원에 계류 중이다. 둘째, '비주력 회사'로 분류된 계열사들의 ROA와 ROE는 주력 회사들의 평균 ROA와 ROE보다 훨씬 낮다. 더 중요한 점은 3년간 ROA와 ROE에서 이런 차이가 지속되고 있다는 것이다. 다시 말해, 주력 업종의 경기 변동성을 보완하기 위해 업종 다각화를 했다는 합리적 근거를 찾기 어렵다는 것이다. 사실 현대자동차그룹 정도 규모의 대규모 기업 집단이 현금 흐름의 조절을 위해 다각화한다면, 사업 다각화가 아닌 금융 자산 다각화를 하는 것이 훨씬 효율적일 것이다. 〈표 2〉에서 '비주력 회사'로 분류된 계열사에는 금융 보험 업종 계열사가 포함되지 않았다. 여기에 포함된, 총수 일가가 보유하고 있거나 경영에 참여하고 있는 비주력 계열사로는 해비치호텔앤리조트, 서림개발, 입시연구사, 종로학평, 현대하이스코, 현대비엔지스틸, 현대아이에치엘 등이 있다. 이외에도 부산정관에너지, 서울

시메트로9호선, 울산청천주식회사 등과 같이 다양하고 연계되지 않은 업종의 회사들이 '비주력 회사' 범주에 포함되어 있다.

숙박업, 교육 서비스업, 금속 제조업 등을 포함한 '비주력 회사' 계열사로의 진출은 딸들과 조카들에게 기업을 증여하기 위한 것으로 의심된다. 2012년 2월 공정거래위원회의 발표에 따르면, 2011년 말 현재 22개 재벌의 계열사 74개 회사가 식음료 소매, 수입품 유통, 소모성 자재 MRO(maintenance, repair and operation) 구매 대행 등의 중소기업 업종에 진출한 것으로 나타났다. 이 중 총수 자녀가 지분을 보유하거나 경영에 참여하는 회사의 중소기업 업종 분야 진출은 롯데그룹, 삼성그룹, 현대차그룹 등 8개 재벌 17개사였다. 총수 3세들은 베이커리·커피 판매점 등 식음료 소매업(8개), 패션·명품 등 수입 유통업(5개), 교육 서비스업(2개)에 많이 참여했으며, 재벌 2, 3세가 지분 또는 경영에 참여한 중소기업 분야 진출은 롯데그룹(5개)이 가장 활발했고, 삼성그룹(4개), 현대차그룹(3개) 순이었다. 공정거래위원회의 발표 내용과 더불어 현대차그룹에 대한 이상의 분석을 통해, 재벌의 문어발식 확장은 방계 가족에 대한 증여의 방편으로도 사용되고 있음을 추론해 볼 수 있다.

4 재벌세습과
시대정신

재벌개혁과 관련된 어느 토론회가 끝나고 방청 오신 한 노신사분과 이야기를 나눌 기회가 있었다. 그분은 재벌세습에 대해 비판적이었는데, 대화의 주제가 정치적인 내용으로 바뀌면서 북한의 3대 세습 이야기로 옮아갔다. 그분은 북한이라는 나라의 특수성을 고려할 때 3대 세습은 이해할 수 있는 것이라는 주장을 펼치셨다. 나는 재벌세습은 비판하면서 북한의 3대 세습에 대해 관대한 것은 이해할 수 없는 일이라고 반박했다.

오늘날 재벌세습에는 관대하나 북한의 3대 세습에는 비판적인 사람들이 우리 사회에 있다. 또 다른 극단에는 재벌세습에는 비판적이나 북한의 3대 세습에는 관대한 사람들이 있다. 이 양극단에 속한 사람들은 아이의 맑은 눈처럼 세상을 객관적으로 보는 것이 아니라, 자신들의 정치적 입장이나 맹목적 사상 또는 이해관계 때문에 보고 싶은 것만 보는 사람들이다.

그 노신사분의 말씀은 저개발된 북한이라는 사회의 특수성을 고려할 때 과거의 왕조처럼 권력을 세습할 수도 있다는 뜻이었다. 그렇다면 한국의 재벌 옹호론자들도 한국 경제 성장의 특수성을 고려해서 선진국 기준으로 봐서는 안 되고 재벌의 특수성을 인정해야 한다고 이야기할 것이다. 과연 북한의 3대 세습이나 우리의 재벌세습 모두 특수성이라는 이름으로 용인되어야 할 것인가? 그렇지 않다. 북한의 3대 세습도 재벌의 세습도 모두 비판받아야 하며, 용인되어서는 안 된다. 굳이 차이점을 꼽자면 재벌세습은 현재 우리 사회 내에서 일어나고 있는 부조리이며, 우리 국민의 힘만으로도 바꿀 수 있는 문제라는 것이다.

북한의 3대 세습에 왜 비판적인가? 북한은 자신들의 법과 규칙 그리고 그 법과 규칙의 해석에 따라 적법한 승계라고 주장할 것이다. 또 절대다수의 인민들이 지지한다고 이야기할 것이다. 그런데도 왜 우리는 잘못되었다고 이야기하는 걸까? 그것은 바로 상식과 시대정신에 부합하지 않기 때문이다. 과거 왕조 시대의 왕위 승계는 인정하면서도 북한의 3대 세습은 용인할 수 없다는 대답은, 시대가 달라졌다는 인식과 시대정신과 상식이라는 기준으로 판단한 것이다. 국민들이 충분한 정보를 얻을 수 있고 이 정보에 근거해 선택하는 데 제약이 없어야 한다는 것이 정치 체제의 정당성을 판단하는 이 시대의 정신이다. 이런 시대정신에 비춰 볼 때 북한 체제의 후진성은 용인할 대상이 아니라 비판받아야 할 대상인 것이다.

형식 논리 측면에서 보면, 오히려 재벌의 지배권 승계가 북한의 3대 세습보다 정당화되기 어려울 수 있다. 왜냐하면 삼성그룹, SK그룹, 현대차그룹의 예에서 살펴보았듯이, 실정법을 위반하지 않고는 재벌의 지배권 승계가 이루어질 수 없었기 때문이다. 물론 법 집행이 제대로 되지 않으면서 그 사례들이 관례로 굳어지고, 그럼으로써 오히려 정당성을 얻었다는 주장을 할 수도 있다. 나아가 아예 법을 개정하여 현재와 같은 재벌의 지배권 승계를 인정해 주면 문제가 해결될 것이라는 용감한(?) 주장을 할 수도 있다. 이런 형식 논리를 앞세워 재벌세습을 용인하려는 시도가 실제 있었다. 바로 삼성에버랜드 전환사채와 삼성SDS 신주인수권부사채 발행 사건에서 주주 배정 방식과 제3자 배정 방식이라는 형식의 차이가 유무죄를 가름한다는 대법원의 판례가 그 주인공이다. 물론 이사회의 절차상 하자라는 형식 문제는 중요하지 않지만, 주주 배정과 제3자 배정이라는 형식의 차이가 위법성 판단의 근거가 된다는 논리가 정연한 형식 논리인지는 이해가 되지 않는다.

실정법을 위반하지 않도록 법만 바꾸면, 재벌의 지배권 세습은 용인되어야 할까? 아니다! 북한의 3대 세습이 북한의 법과 관례에 위반되지 않는다고 하더라도 그것이 용인될 수 없는 이유와 같다. 바로 재벌의 지배권 세습은 시대정신과 상식에 부합되지 않기 때문이다. 실질적으로 동등한 기회가 보장되고, 공정한 경쟁의 결과이기에 승복할 수 있고, 패자에게도 최소한의 인간다운 생활을 보장할 수 있는 사회, 그런 정의롭고 공정하고 배려하는 사회가 오늘날의 시대정신이 아닐까? 이런 시대정신을 실현할 수 있는 제도적 장치가 바로 '건전한 시장경제체제'이며, 따라서 건전한 시장경제체제의 정립을 정면으로 부정하는, 현재와 같은 재벌의 지배권 승계는 용인될 수 없다. 판례가 잘못되었다면 판례를 바꿔야 하며, 법 자체가 문제라면 법을 바꿔야 한다.

재벌세습 과정 사례들

	종잣돈으로 종자기업 지배하기	부당내부거래로 종자기업 키우기	종자기업을 이용해 그룹 전체 세습하기
삼성그룹 이재용 씨	이건희 회장으로부터 61억여 원을 증여받은 이재용 씨는 비상장 계열사들의 주식 등을 인수하고, 3년 내 상장 차익으로 약 800억 원을 확보한다. 이 중 약 48억 원을 삼성에버랜드 전환사채를 배정받는 데 사용하고, 31.37%의 지분을 가진 최대 주주가 된다.	1998년 삼성에버랜드는 삼성생명의 주식 345만 주를 주당 9,000원에 취득했는데, 이듬해 다른 계열사들은 주당 70만 원에 취득했다. 나아가 2011년에 삼성에버랜드의 자산 규모는 1999년에 비해 5배 이상 증가한다. 전환사채를 인수한 해인 1996년부터 2010년 말까지 15년 동안 이재용 씨가 삼성에버랜드에서 획득한 연평균 투자수익률은 약 52%이다.	1998년 삼성에버랜드가 삼성생명의 주식 345만 주를 취득함으로써, 20.7% 지분을 가진 삼성생명의 최대 주주가 된다. 2010년 말 현재 이건희 회장의 삼성생명, 삼성전자 등의 보유 주식 가치는 약 10조 원인데, 결국 이재용 씨는 약 61억을 증여받는 것만으로 약 10조 원이 필요한 삼성그룹의 지배권을 세습할 수 있는 상황이다.

	종잣돈으로 종자기업 지배하기	부당내부거래로 종자기업 키우기	종자기업을 이용해 그룹 전체 세습하기
현대차그룹 정의선 씨	정의선 씨는 2001년 2월 신설 회사 현대글로비스에 15억 원을 출자하여 지분의 59.85%를 확보한다.	현대차그룹 계열사들의 일감 몰아주기로 2001년부터 2005년 사이에 현대글로비스의 자산 규모는 약 16배로 급증하였으며, 2001년부터 2010년 말까지 정의선 씨의 투자수익률은 연평균 약 290%이다.	현대글로비스 중심의 지주회사제도로 전환 또는 기존 순환출자를 유지하면서 현대글로비스를 통해 현대모비스를 장악하는 방식으로 현대차그룹을 승계할 것으로 예상된다. 현대글로비스에 출자한 15억 원으로, 사실상 정몽구 씨로부터 현대자동차 주식을 포함해 약 6조 7,000억 원을 증여받은 것과 같은 효과를 낼 수 있다.
SK그룹 최태원 씨	최태원 씨는 1994년 (주)SK로부터 SK C&C 지분 70%를 2억 8,000만 원에 매입한다.	SK텔레콤 등 계열사의 일감 몰아주기로 SK C&C의 자산 규모는 1999년에서 2008년까지 10년 사이에 약 8배 증가하고, 1994년부터 2010년 말까지 최태원 씨가 올린 투자수익률은 연평균 약 221%이다.	2001년에 SK C&C는 (주)SK의 주식을 매수해 지분을 10.8%로 늘렸고, SK글로벌은 보유하던 (주)SK의 주식 11.6%를 매도함으로써, SK C&C가 (주)SK의 최대 주주가 된다. 이후 지주회사제도 전환을 이용해 SK C&C에서 (주)SK로 이어지는 지배구조가 공고해진다. 최태원 씨가 상속받은 730억 원과 무관하게 SK C&C 지분 인수로 SK그룹을 세습한 결과가 되었다.

part 03

재벌개혁
왜 필요한가?

'재벌 문제'의 핵심은 총수 일가의 불법·편법적 지배권 승계·강화, 그리고 이러한 승계·강화가 사회적으로 용인되게 만드는 경제력 집중이라고 설명하였다. 제2부에서는 구체적으로 재벌 총수 일가의 불법·편법적 지배권 승계·강화가 종잣돈 및 종자기업 만들기와 종자기업 중심으로 재벌 계열사들의 출자 구조 변경을 통해 이루어짐을 살펴보았다. 삼성그룹의 3세 승계 과정은 비상장 계열사의 상장 차익과 전환사채 등을 이용해 종잣돈과 종자기업을 만들고, 종자기업을 중심으로 순환출자 고리를 재구성하는 전형적인 불법·편법적 지배권 승계 과정을 보여 주었다. 부당내부거래로 종잣돈과 종자기업 만들기와 지주회사제도로 전환을 통해 지배권을 강화한 SK그룹의 사례는 새로운 불법·편법적 지배권 승계·강화 모형을 보여 주었다. 한편 현대그룹의 분리 이후 현대차그룹의 외형 확장은 전형적인 '문어발식 확장'을 통한 경제력 집중을 보여 주는 사례이다. 슬프게도, 현재 우리나라 3대 재벌의 지배권 승계와 강화 그리고 경제력 집중 과정은 재벌 문제를 전형적으로 보여 주는 사례였다. 이러한 지배권 승계와 강화 과정에서 재벌 총수는 배임, 횡령, 분식 회계, 조세 포탈과 같은 범죄를 저질렀으나, 집행 유예와 사면을 받음으로써 사법적 처벌을 실질적으로 면제받았다.

그러나 재벌 문제의 심각성은 단지 법이 정의롭게 집행되지 않았다는 사회 정의의 문제보다 훨씬 더 크다. 재벌 문제가 왜, 현 시점 한국에서 중차대한 문제인지를 지금부터 논의해 보기로 하자. 이 논의를 통해 재벌 문제의 해결이 경제민주화의 선결 요건일 뿐 아니라, 정치 민주주주의 형해화를 막기 위해서도 꼭 필요하며, 나아가 한국 경제의 지속 가능한 성장을 위해서도 늦출 수 없는 역사적 과업임을 알게 될 것이다. 왜냐하면 재벌 문제의 해소 없이는 건전한 시장경제체제가 정립될 수 없으며, 건전한 시장경제체제의 정립은 경제민주화와 정치 민주주의의 초석이자 한국 경제의 지속 가능한 성장을 위한 제도적 기반이기 때문이다.

1 시장경제체제 제대로 알자

경제학 박사과정 학생으로 그리고 경제학과 교수로서 12년의 미국 생활을 마치고 나는 2003년 여름에 귀국하였다. 그런데 귀국한 이후 가장 자주 들은 경제 용어가 '시장'이다. 또한 지난 9년간 만난 정부 고위 관료들은 예외 없이 자신들이 시장주의자임을 강조하였다. 다른 한편으로는 시장 또는 시장 만능주의에 대한 거부 반응도 접했다. 그러나 지난 9년간 경험으로 알게 된 것은, 스스로 시장주의자라고 말하는 사람이나 시장에 대한 거부감을 표시하는 사람 대부분이 시장의 기능이 무엇이며 이러한 시장 기능이 작동하는 데 필요한 전제가 무엇인지에 대해 잘못 이해하고 있다는 것이다.

시장과 시장경제체제에 대한 이러한 오해는 압축 성장한 한국 경제가 걸어온 길과 경험에서 비롯된 측면이 있으며, 동시에 현재 우리가 당면한 문제들을 특정 이해에 맞춰 다분히 자의적으로 평가하려는 측면도 있다. 그렇다면 시장경제체제란 무엇인가?

시장경제체제의 본질

시장경제체제란 사회 구성원이 무슨 일을 하고, 얼마나 벌고, 어떻게 소비할지에 대한 문제, 즉 자원 배분의 문제를 해결하기 위한 제도의 하나라고 말할 수 있다. 바꿔 말하자면, 시장경제체제 외의 제도를 통한 자원 배분도 가능하다는 것이다. 시장경제체제를 잘 이해하기 위해서 비(非)시장적 자원 배분 제도를 먼저 살펴보는 것이 좋겠다. 비시장적 자원 배분 제도의 대표적인 예로는 계획경제체제를 들수 있다. 레닌 V. Lenin은 공산혁명에 성공한 후, 소비에트식 계획경제의 토대로 '능력에 따라 일하고 필요에 따라 소비하는' 자원 배분 원칙을 천명하였다. 그러나 약 70년간 지속된 소비에트식 계획경제는 자원 배분에 엄청난 비효율을 야기하였으며, 결국 1991년 소련 해체로 이르는 몰락의 길을 걷게 했다.

  '능력에 따라 일하고 필요에 따라 소비하는' 자원 배분이 (물론 현재의 엄밀한 경제학적 개념으로 볼 때는 다소 협수룩한 표현이지만) 이상적임을 부인하기는 어렵다. 사실 '능력에 따라 일하고 필요에 따라 소비하는' 사회는 유토피아에 비유되는 사상적 배경도 갖고 있다. 아인슈타인 A. Einstein도 1949년 「왜 사회주의인가 Why Socialism?」라는 글에서, 이러한 자원 배분의 원칙을 표방하는 사회주의가 모든 남자, 여자,

어린이의 생계 livelihood를 보장할 것이라고 주장한 바 있다. 그런데 이러한 원칙에 따라 공산당 또는 중앙 정부와 같은 사회 계획자 social planner가 자원 배분을 시행한 소련 공산주의 체제는 왜 엄청난 비효율을 유발하였을까? 이는 현대 경제학의 '이기적 selfish 개인'과 '비대칭 정보 asymmetric information'라는 개념으로 설명할 수 있다.

이기적 개인은 노동의 고통을 줄이고 소비의 쾌락을 늘리고자 하나, 자신의 이러한 이기적 행위가 제삼자 또는 사회 전체에 미치는 영향은 중요시하지 않는다. 따라서 이기적 개인은 적게 일하기 위해 자신의 능력은 과소하게, 또 더 많이 소비하기 위해 필요는 과대하게 표현하게 된다. 그러나 사회 계획자가 개인의 능력과 필요에 대한 정확한 정보를 가지는 것은 불가능하다. 따라서 사회 계획자가 아무리 선의를 가졌더라도 노동과 재화라는 자원을 진정한 능력과 필요에 따라 배분할 수 없다. 개인의 능력과 필요에 대한 자발적 보고에 근거해 사회 계획자가 재원 배분을 실행하면, 실제 사회적으로 필요한 양 이상으로 제품이 필요하다고 보고될 것이고 실제 생산할 수 있는 사회적 용량보다 과소하게 제품이 생산될 것이다. 또한 개인이 필요한 만큼 제품을 소비하거나 능력에 맞게 생산 활동에 참여하게 되리라는 보장도 없다. 만약 사회 계획자가 개인의 보고보다 노동은 더 많이 그리고 소비는 더 적게 하는 배분 정책을 사용한다고 하더라도, 이러한 자원 배분이 진정한 개인의 능력과 필요에 일치하도록 배분될 것이라는 보장이 없다. 더욱이 이러한 배분 정책이 알려지면, 개인들은 이러한 정책을 고려해 능력과 필요에 대해 더욱 왜곡된 보고를 하게 될 것이다.

계획경제는 양적인 측면뿐 아니라 질적인 측면에서도 자원 배분을 왜곡시킨다. 사회 계획자가 각 제품의 생산량을 결정한다 하더라도, 각 개인들은 노동의 강도를 낮춤으로써 고통을 더 줄일 유인을 가지며, 결국 품질이 낮은 제품을 목표량만큼 생산한다. 물론 사회 계획자는 품질을 관리하기 위하여 관료적 체계를 도입할 수 있다. 생산된 제품의 질이 낮으면 불이익을 당하고 품질이 좋으면 상을 받는 감독·보상 체계를 통해 상위 감독자가 현장 감독자를 감독한다고 가정해 보자. 그러나 상위 감독자는 상대적으로 현장 감독자보다 제품의 질을 정확하게 평가할 능력이 떨어지므로, 현장 감독자는 제품의 품질을 항상 실제보다 더 낮다고 보고할 유인이 있다. 한 걸음 더 나아가, 이 상위 감독자 역시 더 상위의 감독자에게 보고해야 하고 자신이 감독하는 제품의 품질이 높을수록 보상을 더 좋게 받는다면, 하위 감독자와 마찬가지로 거짓된 과장 보고의 유인을 갖게 될 것이다. 결국 선의의 사회 계획자가 존재하더라도, 이러한 감독 체계로는 제대로 품질 관리를 할 수 없다.

시장 거래를 통한 자원 배분은, 개인의 돈(즉 통화), 물건, 노동과 같은 자원을 그것을 필요로 하는 다른 개인과 교환함으로써 이루어진다. 교환의 대상이 되는 자원을 '재화', 소유한 (통화 이외의) 재화를 팔고자 (즉, 통화를 받고 교환하고자) 하는 개인들을 '공급자', 그리고 그 재화를 사고자 (즉 통화를 주고 교환하고자) 하는 개인을 '소비자'라고 한다. 이때 재화와 통화의 교환 비율을 가격이라고 할 수 있다.

현대 경제학의 가장 기본적인 명제 중 하나는, 이기적인 개인들이 시장 거래를 통해 자신의 이익을 최대화할 때야말로 소비자와 공급자의 필요와 능력에 대한 정확한 정보를 알 때 선의의 사회 계획자가 실행할 수 있는 효율적인 자원 배분이 이루어진다는 것이다. 이 기본 명제를 보다 직관적으로 이해할 수 있도록 다음과 같이 이야기를 풀어보자.

먼저, 한 명의 소비자와 한 명의 공급자가 하나의 재화를 교환하는 경우를 상정해 보자. 소비자는 재화의 가격이 자신이 지불할 용의가 있는 (통화의) 최대치보다 높다면 거래 자체를 거부할 것이고, 공급자 역시 자신이 수용할 수 있는 최소치보다 가격이 낮다면 거래 자체를 거부할 것이다. 경제학에서는 추가 재화를 소비함으로써 소비자가 느끼는 만족(효용)의 증가분을 '한계편익'이라고 부르는데, 소비자가 이 재화를 구매할 경우에 지불하고자 하는 최대액은 바로 이 소비자의 한계편익과 일치한다. 또한 추가 재화를 생산하는 경우에 공급자가 부담하게 되는 비용을 '한계비용'이라고 부르는데, 한계비용이 공급자가 수용할 수 있는 최소 거래 가격이 된다. 따라서 한계편익이 한계비용보다 낮을 경우에는 거래 자체가 성립하지 않는다. 그러나 한계편익이 한계비용보다 높을 경우에는 거래가 이루어질 수 있으며, 거래가 이루어진다면 가격이 한계편익과 한계비용 사이에서 소비자와 공급자의 협상력 bargaining power에 의해 결정되고, 따라서 소비자와 공급자 모두 거래를 통해 이득을 보게 된다. 이러한 거래를 통한 (전체) 소비자와 (전체) 공급자의 이득을 각각 '소비자잉여'와 '생산자잉여'라고 부른다. 물론 한계편익이 한계비용보다 높은 경우라도, 거래조건에 대한 협상에서 가격이 한계편익과 한계비용 사이에서 합의되지 않아 거래가 무산될 수도 있다.

이제, 다수의 구매자와 한 명의 판매자가 하나의 재화를 교환하는 경우를 상정해 보자. 판매자는 구매자와 일대일 협상을 통해 거래를 성사시키는 것보다 경매를 통해 재화를 판매하는 것이 더 유리하다. 예를 들어, 다음과 같은 경매를 생각해 보자. 판매자는 자신의 한계비용에서부터 순차적으로 입찰 가격bid을 증가시키면서 입찰 가격에 따라 더 이상 구매 의사가 없는 구매자들을 하나씩 경매에서 떨어뜨린다면, 결국 한 명의 구매자만 남고, 그 입찰 가격에서 경매가 끝난다. 마지막에 남은 구매자는 최종 입찰 가격에 재화를 구입하게 된다. 이런 경매가 시행되면, 구매자는 입찰 가격이 자신의 한계편익보다 높아지면 경매에서 빠질 것이지만, 입찰 가격이 자신의 한계편익보다 낮거나 같으면 경매에 계속 참여할 것이다. 왜냐하면, 입찰 가격이 자신의 한계편익보다 높은데도 계속 경매에 참여했다가 혹시 자신에게 낙찰되면 손해가 되고, 입찰 가격이 자신의 한계편익보다 낮은데도 경매를 포기한다면 자신에게 이득이 될 거래를 놓치게 되기 때문이다. 따라서 다른 입찰자와 경쟁에 직면한 구매자는 자신의 진정한 구매 가치를 표현해야 한다. 마지막까지 경매에 참여하는 구매자는 재화에 대해 가장 높은 한계편익을 가지고 있는 구매자이고, 경매는 두 번째로 높은 한계편익과 입찰 가격이 같아질 때 끝나게 되므로 재화의 구매자가 지불하는 가격은 재화에 대해 두 번째로 높은 한계편익이다. 그러므로 경매라는 시장 거래를 통하면 가장 필요한 구매자에게 재화가 배분되고, 판매자는 또한 가장 높은 수익을 올릴 수 있다. 즉, 구매자 간의 경쟁이 (입찰) 가격이라는 신호 signal를 통해 구매자의 한계편익에 대한 신뢰할 수 있는 정보를 표출하게 되며, 결국 이러한 정보를 담고 있는 가격을 통해 구매와 판매가 결정되므로 효율적으로 자원이 배분되는 것이다. 한 명의 구매자가 있고 다수의 판매자가 있는 경우도 유사한 경매를 생각해 볼 수 있다. 이 경우 한계비용이 가장 낮은 판매자가 재화를 공급하고, 구매자는 (가능한 범위에서) 가장 낮은 가격을 지불하게 된다.

다수의 소비자와 다수의 공급자가 특정 재화를 사고팔고자 하는 경우에는, 소비자 간의 경쟁과 공급자 간의 경쟁 때문에 소비자와 공급자 모두 자신의 한계편익과 한계비용을 표출할 수밖에 없다. 이처럼 다수의 소비자와 다수의 공급자가 특정 재화의 소비와 공급으로 경쟁하는 경우를, 19세기 프랑스의 경제학자 왈라스 L. Walras는 각 소비자와 공급자가 가격 수용자 price taker로 행위를 하는 완전경쟁 시장으로 모형화하였다. 또 수요와 공급이 일치되는 시장 균형에서는 교환을 통해 발생하는 소비자잉여와 생산자잉여가 최대화된다는 사실을 증명하였다. 1950년대에 이르러, 애로우 K. Arrow와 드브뢰 G. Debreu는 이러한 균형이 동시에 모든 시장에서 성립될 수 있다는 일반 균형 general equilibrium 이론을 수리적 모형으로 증명하였으며, 이 공로를 인정받아 노벨 경제학상을 공동 수상했다. 1980년대 초반에는 스미스 V. Smith를 위시한 실험 경제학 Experiemntal Economics* 전공자들에 의해, 쌍방 경매 double auction를 통해 왈라스가 입증한 완전경쟁 균형이 달성될 수 있음을 실증적으로 보여 주었다.

다소 장황하게 설명했지만, 경쟁과 시장 거래를 통해 개인의 이익 추구 행위가 사회에 긍정적인 결과를 가져올 수 있도록 유인하는 것이 가능함을 알 수 있다. 그러나 시장경제체제에 관한 앞의 논의는 개인의 이기적 행위가 항상 사회적으로 바람직한 결과를 가져옴을 함의하는 것은 아니다. 실제 단순화된 이 이론적 설명이 현실에서 가능하려면 시장경제체제가 작동할 전제들이 충족되어야 한다. 시장경제체제 정립에 필요한 법과 제도가 무엇인지 살펴보기 전에, 시장과 시장경제체제의 관계부터 먼저 이야기해 보자.

시장과 시장경제체제

풍부한 예시와 직관적 설명을 통해 시장과 시장경제체제의 핵심을 잘 전달하고 있는 책으로, 미국 스탠퍼드 대학 맥밀런 J. McMillan 교수의 저서 『시장의 탄생 Reinventing the Bazaar : A Natural History of Markets』을 꼽을 수 있다. 맥밀런 교수는 시장 거래 a market transaction가 이루어지는 물

---

* 일부 심리학자들과 경제학자들은 강화 계획에 관한 연구와 경제학 사이의 유사점을 발견하고 이를 토대로 실험 경제학 experimental economics 혹은 행동 경제학이라는 새로운 분야를 태동시켰다. 강화 계획이란 어떤 행동이 발생할 때 어떻게 강화할 것인가에 대한 구체적인 규칙을 정하는 것이다. (박소현, 김문수 공역, 『학습과 행동』, 시그마프레스, 2004)

리적 공간이나 사이버 공간cyberspace을 시장a market or marketplace이라고 정의하는데, 시장 거래란 거래 당사자가 거래 자체를 거부veto할 수 있고 자유롭게 거래 조건에 (비록 관습이나 법규의 제약을 받으나) 동의할 수 있는 자발적 교환을 의미한다.

지금까지 시장과 시장 거래는 자연 발생적으로 생성되고 진화해 왔는데, 고대 아테네의 중앙 시장인 아고라, 사회주의 정부의 탄압에도 불구하고 지속된 가나의 마콜라 시장the Makola marketplace, 인도의 푸쉬카르Pushkar에서 1년에 한 번씩 열리는 낙타 시장, 네덜란드 알스메르Aalsmeer의 세계 최대 꽃 시장, 그리고 이베이e-Bay라는 새로운 인터넷 시장에 이르기까지 다양한 시장과 시장 거래가 그런 예이다. 이런 자연 발생적 시장 거래는 혁신적 사업가entrepreneur들에 의해 자발적으로 조직된다. 가나의 마콜라 시장에서는 노점상들이 소매상의 역할뿐 아니라 도매상과 중개인 역할도 동시에 수행함으로써 지리적으로 흩어져 있는 공급자와 수요자 사이에서 제품의 수송을 조직화하였으며, 나아가 단순한 제품 가공과 은행 기능도 담당하였다. 이베이는 1995년에 오미디야르Pierre Omidyar가 옥션웹AuctionWeb이라는 웹 사이트를 개설함으로써 시작되었는데, 자체 경매 메커니즘과 경매 수수료 규칙을 고안하였으며, 거래 당사자 간의 평판 평가 장치를 도입하였다. 혁신적 사업가에 의해 자발적으로 조직된, 이베이의 인터넷 경매 시장에는 이미 1999년에 4,200만 명의 등록된 사용자가 있었다.

이러한 자연 발생적 시장들은 중세 시대 영국에서 자연적으로 발생한 마을 축구folk football에 비유될 수 있다. 초기 마을 축구에는 제도화된 규칙이 거의 없었다. 경기 규칙은 마을 축구 참여자들 간에 즉흥적으로 만들어졌고, 따라서 마을마다 시합마다 달랐다. 중세 시대 이후 수백 년 동안 마을 축구는 점진적으로 발전했으나, 1863년 축구 협회the Football Association와 1871년 럭비 조합the Rugby Football Union이라는 국가적 운영 조직governing body이 결성됨으로써 획기적인 전환을 맞았다. 국가적 운영 조직은 경기 규칙들을 성문화함으로써, 마을 축구가 전 세계인의 스포츠인 축구와 럭비로 도약하는 계기를 마련하였다.

자연 발생적인 시장도 교환이라는 거래를 통해 이익을 추구하려는 (가나의 마콜라 시장의 노점상이나 이베이의 창업자들 같은) 사업가들에 의해 판매와 구매 메커니즘이 조직되는 경우가 보통이다. 그러나 축구의 비유에서처럼, 거래 과정procedure을 명확히 하는 규칙과 이를 집행할 권위 있는 기관authority이 있을 때 비로소 일정 수준 이상의 발전이 가능해진다. 법에 의한 재산권의 보호나 계약 집행이 강제될 수 없다면, 시장 거래는 상호 신뢰 관계를 형성하고 있는 거래 당사자들 사이의 거래나 사회적 규범으로 강제할 수 있는 거래만으로 제약될 수밖에 없다.

시장경제the market economy나 자유 시장the free market 등에서 사용되는 '시장'이라는 용어는, 앞서 맥밀런 교수가 언급했듯이 물리적 공간이나 사이버 공간 등 구체적 시장a market or marketplace이 아닌, 추상적인 제도로서의 시장the market의 의미이다. 시장경제체제란, 시장 거래가 제도화되고 법적으로 보호받는 체제를 말한다. 그러면 시장경제체제를 정립하는 데 필요한 법과 제도에는 어떤 것들이 있는가? 맥밀런 교수는 시장경제체제가 제대로 작동하려면 ① 원활한 정보 유통, ② 잘 보호된 재산권, ③ 개인들 사이의 약속에 대한 신뢰, ④ 거래에서 발생할 수 있는 제삼자에 대한 부작용의 최소화, ⑤ 경쟁의 활성화 등 다섯 가지 요소가 필요하다고 지적한다.

예를 들어, 전제 조건 ①은 교환 대상인 재화의 품질에 대해 소비자와 생산자가 비대칭 정보를 가지면 시장 거래가 이루어지기 어려움을 함의한다. 실제 1960년 경제개발 시기 우리나라의 금융 시장이 좋은 예가 될 수 있다. 이에 관해서는 잠시 후 좀 더 상세히 살펴보자. 맥밀런 교수가 이야기한 ②와 ③은 시장경제체제의 기반이 되는 법제도에 관한 것인데, 이에 대해서도 다음 장에서 보다 상세히 살펴보기로 하자. 맥밀런 교수가 이야기한 전제 조건 ④가 지켜지지 않는 경우로, 특정 재화 생산에 공해와 같은 바람직하지 않은 외부효과가 발생하는 상황을 생각해 볼 수 있다. 이 경우 재화 생산자와 소비자만의 시장 거래는 공해라는 제삼자에게 발생한 사회적 비용을 고려하지 않을 것이고, 이처럼 거래 당사자들의 이기적 시장 거래는 사회적으로도 바람직한 결과를 가져오지 않는다. 제삼자에게 발생하는 부작용을 경제학적 용어로 '외부성'이라고 한다. 금융 시장에도 뱅크런 bank run*과 같은 외부성이 발생할 수 있으므로 금융 시

---

* 은행에 돈을 맡긴 사람들이 대규모로 예금인출을 할 때에 일어나는 현상. 은행은 잔고가 바닥나게 되어 패닉 현상에 빠지게 된다.

장의 시장 실패를 막기 위한 건전성 규제가 부과되는 것이다.

노벨 경제학상 수상자인 크루그먼 P. Krugman 교수는 최근 저서인 『불황의 경제학 The Return of Depression Economics and the Crisis of 2008』에서 주택 부문의 버블 붕괴로 촉발된 의사 은행 제도 shadow or parallel banking system[*]의 도산 위기와 미국의 경기 대후퇴 great recession[**]를 상세히 다루었다. 크루그먼은 경제 위기 재발을 방지하기 위한 투기적 자본과 의사 은행 제도에 대한 규제의 필요성을 역설한다. 의사 은행 제도란 리먼 브라더스 Lehman Brothers Holdings, Inc.와 같은 투자 은행, 헤지펀드 hedge fund[***] 등을 포함해서 기업 또는 소비자 대출에 중요한 역할을 하는 비(非)은행 금융 기관을 지칭하는데, 은행과 달리 예금을 받지 않는 대신 투자를 받아 자금을 조달하므로 은행과 같이 건전성 규제를 받지 않고 동시에 예금 보험 deposit insurance의 보호도 받지 못한다. 이러한 유사 은행 제도의 붕괴 위기를 경험한 미국은 2010년 7월 새로운 금융 규제안을 법으로 제정하였다. 2008년 미국발 경제 위기와

---

[*]　은행과 유사한 신용중개기능을 수행함에도 불구하고 은행과 같은 엄격한 건전성 규제를 받지 않는 금융기관 및 금융상품을 총칭한다. 리먼 브라더스 사태를 계기로 신용 및 유동성 리스크에 쉽게 노출되며 시스템 리스크를 초래할 위험도 크다는 점이 부각되고 있다. (이범호, 정원경, 「우리나라 shadow banking 현황과 잠재리스크 분석」, 『BOK경제리뷰』 11, 2011)

[**]　경기 후퇴는 경기순환의 한 국면으로, 경기가 최고 호황기에서 최저 침체기에 이르기까지의 과정을 말하는데, 경기 대후퇴는 심각한 수준의 경기 후퇴를 의미한다.

[***]　헤지펀드는 시장 또는 상품간 재정거래와 투기적 거래를 통해 자금을 운용하며 펀드자산을 담보로 자금을 차입, 이를 재투자함으로써 높은 위험을 부담하고 수익률을 극대화하는 것이 특징이다. 따라서 헤지펀드는 시장의 효율성을 높인다는 긍정적인 면도 있으나 높은 레버리지를 이용하는 펀드의 특성으로 인해 국제금융시장을 교란시키는 요인으로 작용하는 부작용도 초래하고 있다.

의사 은행 제도에 대한 규제 논의는 시스템 리스크system risk*를 야기할 수 있는 기업 도산에 대해 사전에 규제할 필요가 있음을 다시 한 번 일깨워 준다. 이러한 논의는 재벌 구조라는 한국 경제의 특수한 맥락에서 금산분리 정책**을 다시 살펴보는 계기가 될 수 있다. 그런데 여기서 한 가지 주의를 환기시키고 싶은 것이 있다. 2008년 미국발 경제 위기를 미국식 시장경제체제의 종말이나 한계라고 비판하는 것은 시장경제체제에 대한 잘못된 이해에서 비롯된 것이다. 2008년 미국발 경제 위기는 시장경제체제가 제대로 작동하는 데 필요한 정부의 규제나 법제도가 불비해서 발생한 시장실패의 문제이자 정부 실패의 문제이며, 보다 중요한 점은 시장경제가 하늘에서 떨어진 천부의 제도가 아니라 법과 제도 그리고 정부의 규제로 만들어진 제도임을 상기시킨 사건이라는 것이다.

마지막으로, 전제 조건 ⑤는 거래 당사자들은 경쟁을 통해 자신들의 능력과 필요가 진정으로 드러나는 것을 회피하고자 하는 유인을 가질 수 있음을 경계하는 것이다. 기업들이 담합해 시장 가격을 높이려는 사건이 종종 발생하는 이유가 여기에 있다. 이외에도 기업들은 불공정 거래 행위를 통해 시장의 거래 조건을 유리하게 만들고 싶어 한다. 기업들의 이런 불공정 거래 행위도 기업의 이기심, 즉 이

---

* 결제시스템에 참여하고 있는 한 금융기관의 도산 또는 일시적인 유동성 부족으로 인한 결제 불능이 연쇄적으로 다른 참가기관의 결제불능을 유발시켜 결제 시스템 전체의 기능마비를 초래할 수 있는 위험을 의미한 말이나, 한 기업의 도산이 경제 전체의 위기로 비화되는 위험을 지칭하는 것으로도 사용된다.

** 산업자본과 금융자본이 결합하는 것을 제한하는 정책.

윤을 최대화하려는 동기에서 비롯된다. 이런 이기적 행위는 시장경제체제에 바람직한 결과를 가져오지 않는다. 담합과 불공정 거래 행위는 오히려 시장경제체제의 작동을 막는 반시장적 행위이다. 이런 행위들을 막기 위해서 시장경제체제를 채택한 세계 각국에서 공정거래법을 집행하고 있는 것이다. 따라서 시장경제체제란 모든 사익 추구 행위를 허용하는 것이 아니라 사회적 이익과 정합성을 가지는 사익 추구 행위만을 합법화하며, 이러한 합법적 사익 추구 행위로 개인의 사익 추구라는 에너지를 발산하여 사회 전반에 긍정적인 결과를 가져올 수 있도록 유인하자는 것이다.

왜, 지금, 우리에게 시장경제체제인가?

1960년대 이후 우리나라가 이룩한 경제 발전은 예외적인 것이었다. 1995년 노벨 경제학상 수상자인 시카고 대학의 루카스 R. Lucas 교수는 1993년 『이코노메트리카 Econometrica』라는 학술지에 발표한 「기적 만들기 Making a Miracle」라는 논문에서 한국의 경제 성장을 기적 miracle이라고 지칭하였다. 이 논문은 필리핀과 한국을 비교하는 것으로 시작한다. 1960년에 필리핀과 한국(남한)은 1인당 GDP뿐만 아니라, 인구 및 인구 구성, 교육 정도, 산업 구조 등에서 매우 유사하였으나, 1960년부터 1988년 사이의 1인당 국민 소득 성장률이 현격하게 차이남을 지적한다. 구체적으로 동 기간 필리핀의 1인당 국민 소득 증가율은 연평균 1.8%에 그쳤으나, 한국은 연 6.2%의 증가율을 달성하였다. 루카스 교수는 역사상 유례를 찾아보기 드문 한국의 지속적인 성장을 기적이라고 지칭하는 것이 절대 과장이 아니라고 잘라말했다. 한국의 눈부신 경제 성장은 1988년 이후에도 지속되었다. 루카스 교수는 1988년 현재 한국의 1인당 국민 소득이 멕시코, 포르투갈, 유고슬로비아와 유사해졌다고 감탄했다. 2010년 기준, 한국은 세계에서 열다섯 번째로 GDP가 높은 나라이며, 1인당 국민 소득은 거의 2만 달러 수준에 이르렀다.

　지난 반세기의 한국의 경제 성장은 '관 주도 재벌 위주' 성장이었다고 요약할 수 있다. 경제개발 5개년 계획을 통해 고도성장을 이룩하는 동안 정부는(보다 구체적으로 이야기하면 경제기획부가) 마치 주식회사 대한민국의 전략 기획실과 같은 역할을 하였다. 개발 도상기에 한국 경제의 규모가 현재의 대규모 기업 집단 수준보다 조금 큰 정도였고 구조도 단순하였다는 점이 적극적인 산업 육성 정책이 성공한 배경이었다면, 정부가 적극적으로 기업의 전략 기획실과 같은 역할을 담당할 수밖에 없었던 것은 선택할 수 있는 유일한 방안이었다고 할 수 있다. 경제개발을 시작할 당시, 경제개발에 필요한 국내 자본은 부재하였고 외국으로부터 자금을 조달할 수 있는 국내 기업도 사실상 없었다. 정부가 외자 유치를 위해 적극적으로 나설 수밖에 없었다. 정부가 직접 조달하거나 산업은행 등을 통해 간접적으로 조달한 자금을 정부가 특정 산업과 기업에 배분했다. 국내 금융 시장이 발달하지 못했고 외자 유치가 가능할 만큼 신용을 쌓은 기업이 부재해서, 정부가 적극적으로 자본을 조달해 육성하고자 하는 산업 및 기업에 이 자금을 배분하는 역할을 할 수밖에 없었던 측면이 있다. 맥밀런 교수가 이야기한 시장경제체제의 작동을 위한 첫 번째 조건인 원활한 정보 유통이 자본 시장에서 성립되지 않았고, 따라서 정부가 자본 시장에서 자본 조달을 직접 할 수밖에 없었던 것이다.

그러나 2012년 현재 한국의 금융 시장과 기업의 자원 조달 능력은 개발 도상기와는 판이하게 달라졌다. 유수의 기업이 뉴욕 증권 거래소에 상장되어 있으며, 국내 금융 시장의 규모도 비교할 수 없을 만큼 커졌다. 한국 경제의 고도성장은 양적인 측면뿐 아니라 질적 변화를 동반하였다. 현재 한국의 산업 구조는 IT산업 등 이른바 신경제 산업이 큰 비중을 차지하고 있다. 그런데 이러한 경제 규모와 구조의 변화는 1960년대 이후 지속된 관 주도 재벌 위주의 고도성장 전략의 질적인 변화를 요구하고 있다. 특히 1997년 외환위기를 거치면서 경제 전문가나 관료 대부분이 관 주도의 경제 성장이 한계에 다다랐으며 시장 중심의 경제 운용이 필요한 시점이라고 느끼기 시작한 것 같다. 이렇듯 인식이 바뀐 데는 다음과 같은 몇 가지 이유가 있다.

먼저, 정부가 과거 중화학 산업 육성 정책에서처럼 집중 육성할 산업이 무엇인지를 선정하는 것 자체가 어렵다. 과거 고도성장기에서는 특히 일본의 성장 과정을 참고하면 어떤 산업을 육성하는 것이 바람직한지를 알아내기란 상대적으로 쉬웠다. 육성 산업이 정해

지면, 역(逆)엔지니어링 reverse engineering*을 통한 모방, 저임금·저비용에 기초한 가격 경쟁력, 과감한 설비 투자 등을 통해 고도성장을 달성할 수 있었다. 그러나 이러한 고도성장을 통해 추격에 성공한 현재 한국에서는, 모방과 저임금 경쟁력을 바탕으로 과거와 같은 성공 신화를 이어갈 신성장 동력 산업이 더 이상 존재하지 않는다. 과거 개발 도상기에는 '무엇을 해야 할지 what–to–do'와 '어떻게 해야 할지 how–to–do' 정부가 더 잘 알았다. 그러나 경제 발전을 이룩한 오늘날은 상황이 달라졌다. 기업이 오히려 '어떻게 해야 할지' 정부보다 잘 안다. 그리고 더 중요한 것은 정부나 기업이나 더 이상 '무엇을 해야 할지' 확실하게 알지 못한다는 점이다. 즉 모방에 의한 성장 시대가 지나고 이제 창의에 의한 성장 시대가 왔는데, 창의에 의한 성장 시대는 사업 성공 여부가 매우 불확실하다는 특징이 있기 때문이다.

둘째, 현재의 한국 경제 규모와 구조에서는 아무리 우수한 경제 관료라고 하더라도 특정 산업이나 사업의 미래 수요를 예측하고, 기술혁신을 위한 투자와 관련된 불확실성과 위험을 파악해, 어떤 산업이나 사업 부문에 어느 정도의 투자가 필요한지를 알아내기란 불가능하다. 특정 사업 부문의 수요 예측이나 투자에 따른 기대 수익과 위험 평가는 그 사업 부문이나 관련 부문에 관해 구체적인 지식을 가지고 있는 기업인들의 특장이지 더 이상 관료들의 영역이 아니다. 즉 기업들이 이윤동기 하에서 미래 성장 산업이나 사업 부문에 대

---

* 완제품으로부터 제품의 설계사양을 역으로 추적하여 추출하는 것으로, 기술을 모방할 때 주로 사용됨.

한 투자를 결정하는 경제 구조가 더 효율적이다.

마지막으로, 정부의 산업 육성 정책은 기업들의 기술 혁신과 경영 전략에 왜곡을 초래할 뿐 아니라, 기업 생존이 정부 정책에 의존됨으로써 창의적이고 혁신적인 기업가 정신을 말살하는 우를 범할 수 있다. 산업 육성을 위한 기술 혁신 지원 정책은 기업들의 기술 혁신에 관한 의사결정을 왜곡할 뿐 아니라, 소비자 수요에 부합하는 상품 개발에 민감한 기업가의 특장 자체를 제거하는 악영향을 끼칠 수 있기 때문이다.

경제 규모나 복잡성을 고려했을 때 경제개발을 시작할 당시는 정부가 선의의 사회 계획자 역할을 함으로써 발생하는 비효율 정도가 상대적으로 작았다는 추론이 가능하다. 그에 반해 자본 시장에서 국내 기업의 신용 정보는 자본의 주요 공급자인 외국 자본가에게는 믿기 어려운 수준이었을 것이다. 따라서 정부가 기업을 대신해 자본 시장에 직접 행위자로 나설 수밖에 없었다. 이처럼 계획경제로 인한 비효율성은 적으나 비대칭 정보 문제가 심각한 상황에서는 사회 계획자가 주도한 계획경제적 성장 정책이 최선이었다고 판단된다. 그러나 경제성장의 결과로 경제가 거대화되고 복잡해진 현 시점에서는 계획경제적 요소가 비효율적임을 극명하게 알 수 있다. 즉 정부가 행위자로서 시장에 개입할 필요성은 최소화되었다고 하겠다. 창의와 혁신이 더 중요해진 우리 경제의 지속 가능한 성장을 위해서는, 동등한 기회와 공정한 경쟁을 실질적으로 보장하는 시장경제체제의 정립이 선결되어야 한다.

2 재벌개혁은 시장경제체제 정립을 위해 필요하다

시장 거래에서는 재화와 통화의 상대적 교환 비율인 가격을 통해 소비자와 생산자가 거래 대상의 진정한 가치를 드러낸다. 이것은 소비자나 생산자가 교환 대상을 취득하기 위해 자신의 소중한 반대급부를 지급하기 때문이다. 여기서 신뢰할 만한 반대급부는 사유재산권이 보장될 때 가능한 것이므로, 사유재산권의 보장은 시장경제체제의 필요조건이라고 할 수 있다. 그런데 사유재산권은 단지 실체법에 명시하는 것만으로 보장되지는 않는다. 절차법적으로 또 실질적으로 재산권이 보장되는지가 관건이다. 재산권은, 침해로 인한 손실을 보상받고 또 더 이상의 침해를 방지할 법적 보호가 확립될 때 실질적으로 보장된다.

　나아가 재산권 보호는 동등한 지위의 개인 간에도 중요하지만, 자신보다 사회적, 경제적, 정치적으로 더 우월한 지위의 개인이나 집단으로부터 부당한 침해를 받지 않도록 보장받을 수 있어야 의미를 가진다. 최근 미국 MIT대학의 아세모글루Acemoglu 교수를 비롯한 일군의 경제 발전론 분야의 학자들은, 사회적, 경제적, 정치적으로 더 우월한 지위에 있는 개인이나 집단으로부터 부당한 침해를 받지 않도록 재산권이 보장되었는지가 유럽의 식민 지배를 받았던 지역들에서 경제 발전 여부를 결정지었음을 실증적으로 보여 준 바 있다. 이런 실증 연구 결과는 사유재산권이 확립되어야 개별 경제 주체들이 시장 거래와 기술 혁신 활동을 통해 자신의 필요와 능력을 참되게 드러낼 유인을 가진다는 이론적 논의와 일치한다. 한 가지 유의할 점은, 재산권 확립을 주장하면서 재벌 총수 일가의 재산권 보호를 호도하는 요설도 있다는 것이다. 물론 재벌 총수 일가의 재산권도 보호받아야 한다. 그러나 총수 일가의 불법·편법적 부의 승계마저 재산권 보호라는 틀 안에 넣어 이야기한다면, 그것은 어불성설이다.

사유재산권의 확립이라는 측면에서 볼 때, 재벌 총수 일가의 지배권 승계는 사회적, 경제적, 정치적으로 더 우월한 지위에 있는 개인이나 집단으로부터 사회적, 경제적, 정치적으로 그보다 열등한 지위에 있는 개인이나 집단의 재산권이 부당하게 침해받는 전형적인 사례라고 할 수 있다. 제2부의 사례에서 상세히 살펴보았듯이, 총수 일가는 지배권 승계와 강화 과정에서 소액 주주에게 귀속되어야 할 소득을 배임·횡령 등으로 빼돌린 범죄 행위를 자행했다. 더욱이 배임·횡령도 최소한의 범위에서만 재벌 총수 일가의 유죄가 인정되고,

일부 유죄가 인정되더라도 실제 형이 집행되지 않았다. 삼성에버랜드 전환사채 사건에서 법원은 총수의 배임을 인정하지 않았으며, 삼성SDS 사건에서는 배임이 인정되었으나 형량은 늘어나지 않는 마술(?) 같은 판결이 났다. 현대차그룹 정몽구 회장도, SK그룹 최태원 회장도 법원으로부터 유사한 혜택(?)을 받았다. 이뿐 아니다. 제4부에서 상세히 다룰 부당내부거래를 통한 총수 일가의 터널링은 법의 미비와 판례의 변경으로 법적 규율을 거의 받지 않는 실정이다. 부당내부거래에는 필연적으로 이익을 보는 총수 일가와 손해를 보는 소액 주주가 있게 마련이다. 부당내부거래에 의한 소액 주주의 재산권 침해는 아직 관심도 못 끌고 있는 실정이다. 이런 법 집행과 관행 아래서는 사유재산권이 제대로 보장되지 않으며, 결국 시장경제체제도 제대로 작동할 수 없다.

그런데 현재 한국 사회에서 사회적, 경제적, 정치적 약자에 대한 사유재산권이 실질적으로 잘 보장되지 않는 이유는 단지 재벌에게 경제력이 집중된 폐해에만 있는 것은 아니다. 손해배상 제도와 절차법의 미비함도 주요 요인이다. 대기업의 중소기업에 대한 기술 탈취가 그 좋은 예이다. 현재와 같은 손해배상 제도 아래서는 기술을 탈취당한 중소기업이 재산권 침해 소송을 제기할 가능성이 낮으며, 또 승소할 가능성도 낮다. 게다가 우리 법에서는 징벌적 손해배상 제도를 채택하지 않고 있으며, 실질적 손해에 대해서도 매우 보수적으로 인정한다. 소송을 하게 되면 중소기업이나 대기업 모두 변호사를 선임하는데, 자금이 미약한 중소기업은 이른바 잘나가는 변호사를 선임할 수 없을 것이다. 이에 반해 대기업은 자금력을 이용해 잘 나가는 변호사를 선임할 수 있다. 변호사 선임에서 이미 공정하게 재판받을 구조가 아닌 이상, 중소기업이 승소할 확률은 매우 낮아진다. 잠시 중세 시대를 배경으로 하는 영화 장면을 떠올려 보자. 영주와 농민이 서로 대립하다 결투를 벌이게 됐다. 강자인 영주가 이기리라 모두 예상하지만 약자인 농민을 위해 백마 탄 정의의 기사가 나타나 영주나 그의 대리인을 처치해 주기도 한다. 그러나 실제로는 어떠했을까? 영주는 이미 가장 결투를 잘하는 기사를 휘하에 두고 있었을 것이고, 설령 결투 대리인을 세울 수 있음을 알고 있었더라도 농민은 자신을 지켜 줄 사람을 찾을 생각조차 못했을 것이다. 이런 결투가 정의로운가? 중세 시대 결투가 오늘날 우리나라의 대기업-중소기업 분쟁에 그대로 재현되고 있다.

결국 이런 경험을 한 중소기업은 합리적으로 판단하여 소송 제기를 포기할 개연성이 높고, 이를 예상한 대기업은 기술을 탈취하려는 유혹에 쉽게 빠진다. 이런 악순환이 중소기업으로 하여금 기술 개발에 매진할 유인을 빼앗고, 결국 경쟁력 있는 중소기업이 생겨날 기반이 사라지게 한다. 그런데 징벌적 손해배상 제도는 바로 이런 경우 손해배상 소송에서 약자들의 법률적 대리가 실질적으로 보장될 수 있도록 하는 것이다. 따라서 징벌적 손해배상 제도는 경제적 약자의 재산권을 실질적으로 보장해 주는 법적 장치이고, 시장경제 체제가 원활히 작동할 수 있게 하는 제도이다. 경제 주체들 간에 분쟁이 발생하면 경제적 약자의 재산권을 보호할 수 있는 적법한 절차가 준수되고, 또 중립적이고 전문성 있는 제삼자들이 이 분쟁을 해결하도록 인적 자본, 법률, 제도 등도 함께 구비되어야 한다. 그러나 징벌적 손해배상 제도의 도입이야말로 이런 인적 자본과 제도 구비를 촉진시키는 지름길이 될 것이다.

사유재산권 제도와 함께 현대 시장경제체제의 근간을 이루는 법제도는 주식회사 제도이다. 대규모 자본이 필요한 사업을 감당하는 기업에서는 개인 자본만으로 자금을 모두 충당하기가 불가능하다. 따라서 산업 혁명 이후 대자본이 필요한 기업은 주식회사의 형태를 띠게 되었다. 흔히 이론적 논의에서는 주식회사라고 하더라도 마치 한 명의 소유자가 기업을 운영하는 것과 같은 의사결정이 이뤄질 수 있다고 가정한다. 소유와 경영이 분리된 주식회사에서 이런 가정이 정당화될 수 있다고 믿는 것은 성과급 제도, 이사회를 통한 견제와 감시, 그리고 경영자의 일탈 행위인 분식 회계나 횡령 등에 대해 엄격하게 법적으로 처벌한다는 장치가 있기 때문이다. 경영자나 최대 주주의 분식 회계, 횡령, 배임 등의 범죄는 주식회사 제도의 근간을 흔드는 행위이다. 현대 시장경제체제에서 주식회사 제도가 무너진다면 기업의 생존은 상상하기도 힘들다.

경영자나 최대 주주의 분식 회계, 횡령, 배임 등의 범죄에 대해 미국의 경우는 법원이 그 중대성을 명확히 인지하고 다루고 있음을 알 수 있다. 2001년 미국에서 이른바 엔론Enron 스캔들이 불거졌다. 엔론은 1985년에 설립된 에너지 부문 회사였는데, 천연가스 파이프라인 사업에서 출발해 전력 판매업에도 진출하였다. 엔론 주가는

1990년부터 1998년까지 무려 311%나 올랐으며, 2000년 말 엔론의 시가 총액 market capitalization은 600억 달러(환율을 1,100원으로 가정하면, 66조 원. 참고로 2012년 8월 23일 현재 삼성전자의 시가 총액은 약 190조 원이며, 현대자동차의 시가 총액은 약 54조 원임)였다. 엔론은 『포춘 Fortune』지의 '가장 칭송받는 기업 설문 Most Admired Companies survey'에서 미국에서 가장 혁신적인 대기업으로 뽑히기도 하였다. 그러나 엔론의 이런 외형적 성장은 수십억 달러의 부채를 숨긴 분식 회계 덕분이었다. 이 분식 회계 스캔들이 터지자, 엔론의 주가는 2000년 중반 90달러에서 2001년 11월 말에는 1달러로 폭락하고, 주주들은 약 110억 달러의 손실을 입었다. 마침내 2001년 12월 2일에 엔론은 도산 신청을 하게 되는데, 이는 그때까지 미국 역사상 가장 큰 기업의 도산 사례였다. 엔론 분식 회계 스캔들은 엔론 회계 감사를 담당했던, 세계 5대 회계 및 감사 기업인 아서앤더슨 Arthur Andersen의 사실상 해체를 동반하였다. 분식 회계에 책임이 있었던 경영진들은 모두 실형에 처해졌다. CFO Chief Financial Officer였던 패스토 A. Fastow는, 사장인 스킬링 J. Skilling과 회사 설립자이자 회장인 레이 Lay에게 불리한 증언을 제공한다는 조건으로 감형받아 가석방 parole 없이 10년 감옥 형을 선고받았다. 사장 스킬링은 증권 사기 securities fraud 등이 유죄로 인정되어 24년 4개월 감옥형을 선고받았으며, 회사 설립자이자 회장인 레이는 최대 45년 감옥 형을 선고받을 수 있었으나, 선고 전에 갑자기 사망하였다.

이에 반해, 우리의 경우 분식 회계, 횡령, 배임 등의 범죄가 중대하게 다루어지지 않는다. 제2부에서 살펴보았듯이, 재벌의 분식 회계, 횡령, 배임 등은 일상이 된 듯하고, 처벌도 제대로 이루어지고 있지 않다. 이런 중차대한 반시장적 범죄 행위에 둔감한 사회에서는 시장경제체제가 '사이비 시장경제체제'로 전락되기 마련이다. 엔론은 한때 시가 총액이 66조 원 이상을 기록한 기업이다. 분식 회계 규모는 수십조 원으로 추정된다. 한편 SK글로벌의 분식 회계 규모는 1조 5,000억 정도로 알려져 있으며, 이는 단일 기업 규모로는 우리나라에서 역대 최대였다. 더욱이 최태원 회장을 비롯한 경영진은 SK글로벌의 분식 회계에 더하여 SK증권과 JP모건과의 이면 계약으로 계열사들에게 1,112억 원의 손실을 끼쳤다. 이 혐의에 대해 1심 재판부는 유죄를 인정하면서도 "SK의 문제점은 피고인만의 책임이 아니며, 스스로 문제를 해결하기 위해 노력하다 문제가 발생하자 사재를 출연하고 담보로 제공하는 등 노력한 점이 인정된다", "기업 경영 의욕이 너무 앞섰으나 개인적 이익을 취하지 않았고 경영 일선에서 물러날 뜻을 밝히는 점을 감안해 판결했다"고 감형 사유를 밝히고, 최태원 회장을 비롯한 모든 경영진에게 집행 유예를 선고하였다.

최근에 서울 서부지법 형사 12부(서경환 부장판사)는 김승연 한화그룹 회장에게 징역 4년과 벌금 51억 원을 선고했다. 그는 그룹 계열사를 동원해 위장 계열사 한유통과 웰롭을 부당지원하고 계열사 보유 주식을 자신의 누나 측에 저가로 양도해 각각 2,833억 원, 141억 원의 손해를 끼쳤고, 차명 주식 거래로 15억 원의 양도 소득세를 포탈했다는 혐의(특정경제범죄가중처벌법상 횡령·배임) 등으로 기소되었다. 징역 4년은 집행 유예를 받을 수 없는 형량이어서 재벌들에게 충격으로 받아들여졌다는 보도가 뒤따랐다. 1심 재판부의 판결이 대법원까지 유지될지 두고 볼 일이다. 재벌 총수의 배임, 횡령, 분식 회계와 같은 범죄가 얼마나 엄중하게 다루어지고 있는지에 대한 사회적 인식 변화를 반영한 판결이라는 점에서는 환영할 만하나, 여전히 재벌 총수의 배임, 횡령, 분식 회계와 같은 범죄가 사유재산권과 주식회사 제도라는 시장경제체제의 근간을 흔드는 엄중한 범죄임을 충분히 반영하고 있지는 못한 것 같다. 엔론의 분식 회계 사건으로 회사 설립자 겸 회장인 레이는 최고 45년 감옥형을 받을 수 있었고, 사장인 스킬링은 24년 4개월의 감옥형을 선고받았음을 생각해 보면, 재벌 총수의 배임, 횡령, 분식 회계와 같은 범죄의 중대성에 대한 우리의 법정 형량이나 사법부의 인식은 아직도 불충분하고 안이해 보인다. 시장경제체제의 근간을 위협하는 범죄를 엄히 처벌하자는 것에는 단지 범죄를 응징한다는 의미만이 아니라 강력한 처벌이 따른다는 인지 자체가 범법 행위를 하지 않도록 유인하는 범죄 억제 deterrence의 목적이 있다. 반시장경제체제적 범죄를 엄격히 처벌하는 미국에서 배임, 횡령 및 분식 회계가 덜 발생하고 있다는 사실이 범죄 억제 목적의 강력한 처벌이 필요함을 시사한다.

3 재벌개혁은 경제력 집중 억제를 위해 필요하다

현재 우리 사회에서 재벌 문제의 핵심은 총수 일가의 불법·편법적 지배권 승계·강화와 이를 사회적으로 용인하게 하는 경제력 집중이라고 했다. 그렇다면 경제력 집중은 어떤 상태를 의미하는가? 경제력 집중 상태를 알기 위해서는 경제력 집중을 우려하는 이유를 먼저 이해해야 한다. 경제력 집중을 우려하는 이유는 경제력이 남용됨으로써 나타나는 부작용 때문이다. 경제력 남용에 의한 부작용은 경제적 의미의 부작용과 정치적, 사회적 부작용으로 나누어 생각해 볼 수 있다. 경제적 의미에서 경제력 남용은 거대 기업 집단의 존재가 개별 시장에서 불공정 경쟁을 발생시키거나 거대 기업 집단의 파산이 경제 전반에 시스템 리스크를 유발할 수 있음을 의미한다.

먼저, 거대 기업 집단의 존재로 인해 개별 시장에서 불공정 경쟁이 발생하는 유형으로 거대 기업 집단의 자금력을 이용한 불공정거래 행위나 기업 집단 계열사 간의 내부거래를 이용한 불공정 거래 행위 등을 들 수 있다. 단일 기업 수준에서의 시장 지배력 남용이나 전이 문제는 전통적인 경쟁 정책과 공정거래법에서 규율하고 있다. 그러나 거대 기업 집단의 존재로 인해 발생하는 개별 시장에서의 불공정 경쟁 문제는 전통적인 공정거래법에서는 규율되지 않는다. 한편 거대 기업 집단의 파산이 경제 전반에 시스템 리스크를 유발할 가능성에 대한 우려 역시 국가 경제에서 거대 기업 집단이 차지하는 비중이 매우 높은 몇몇 국가에 국한된 정책 과제이다. 특정 기업 집단이 경제에서 차지하는 비중이 상당히 크다면, 이런 거대 기업 집단의 도산은 (대우그룹의 도산 예에서 볼 수 있듯이) 경제 전반을 위기로 몰아넣을 수 있다. 거대 기업 집단은 도산 위기시에 정부의 지원이 있을 것으로 기대하며 더욱 공격적이 되어 지나친 외형 확장의 유인을 가지게 된다. 따라서 마치 은행처럼, 정부가 이런 거대 기업 집단을 사전에 규제하는 것이 사회적으로 바람직할 수 있다.

그런데 최근 경제력 집중 문제가 더 관심을 끄는 이유는 순수하게 경제적 부작용보다는 정치적, 사회적 부작용 때문이다. 특히 재벌 문제라는 맥락에서 경제력 집중이 문제가 되는 이유는 '재벌 총수 일가의 불법·편법적 행위를 사회적으로 용인할 수 있도록 만드는, 재벌 또는 재벌 총수 일가의 정치적, 경제적, 사회적 영향력의 오남용' 때문이라고 할 수 있다. 즉, 재벌의 경제력 집중은 재벌세습을 사회적으로 용인하게 만든다. 그런데 이런 정치적, 사회적 부작용이 사회정의에 반한다는 의미에 국한되는 것은 아니다. 재벌세습은 궁극적으로 시장경제체제의 근간을 무너뜨리는 역할을 한다. 따라서 재벌세습과 경제력 집중의 악순환은 총수 일가의 정치적, 사회적 영향력의 오남용을 통해 건전한 시장경제체제의 실현이라는 우리 사회의 기본 가치를 부정하는 폐해를 낳고, 궁극적으로 우리 경제의 지속 가능한 성장을 어렵게 만드는 종양이 되고 있다.

재벌 또는 재벌 총수 일가의 정치적, 경제적, 사회적 영향력의 오남용은 법조계, 정치계, 관계, 언론계, 학계에 대한 관리와 영향력 행사를 통해 이뤄진다. 재벌의 경제력 집중은 재벌이 이런 법조계, 정치계, 관계, 언론계, 학계를 관리하고 영향력을 행사할 수 있는 경제적인 자원을 가지고 있고, 또 재벌을 제외하고는 이런 자원을 충분히 보유한 존재가 없음을 의미한다. 2012년 8월 27일 연합뉴스 보도에 따르면, 2011년 10대 재벌의 매출액은 약 946조 1,000억 원으로 우리나라 GDP의 76.5%에 해당한다. 10대 재벌 매출액의 GDP 대비 2002년에 53.4%였음을 고려하면, 10년 사이에 10대 재벌 매출액 비중이 약 23%p 이상 증가하였음을 알 수 있다. 재벌의 경제력을 자산 총액 기준으로 계산해 보면, 10대 재벌의 GDP 대비 자산 총액 비중은 2002년 43%에서 2011년 77.9%로 약 35%p 급증하였다. 한편 상위 30대 상장사의 시가 총액은 8월 24일 종가 기준으로 약 640조 원이었는데, 삼성전자의 5월 2일 종가 기준 시가 총액은 무려 208조 원을 기록했다.

재벌의 경제력 집중이 법원 판결에 미치는 영향은 제2부에서 상세히 살펴본 삼성에버랜드 전환사채와 삼성SDS 신주인수권부사채 사건을 통해 어렵지 않게 유추해 볼 수 있다. 또 최근 몇 가지 사례를 통해 재벌이 법조계에 어떻게 영향력을 행사하는지 보여 주는 단서를 찾을 수 있다. 먼저, 「한겨레신문」의 보도에 따르면, '삼성 비자금' 특별 검사를 지낸 조준웅 변호사의 아들 조 아무개 씨가 비자금 사건 선고 이듬해인 2010년 1월 삼성전자 과장으로 입사한 것으로 확인됐다고 한다. 삼성전자에선 통상 신입사원으로 입사해 과장으로 진급할 때까지 8년 이상 걸리는데, 사법 시험 준비와 어학 연수 외에 회사 업무 경력이 없는 조씨가 과장으로 바로 입사한 것을 두고 의혹이 일고 있다는 것이다. 경제력이 집중된 상태에서 재벌과 재벌 총수 일가는 취업 기회와 풍부한 자금으로 자신들의 입장을 대변해 주고 이익을 보호해 주는 사람들에게 충분한 보상을 해줄 수 있음을 보여 주는 예가 아닐까 싶다.

두 번째 예는 최근 대법관과 대법원장 임명에서 찾아볼 수 있다. 지난 8월 6일에 세 명의 대법관이 새로이 취임했다. 인사 청문회와 국회 인준 과정에 유난히 말이 많았고, 후보 한 사람은 낙마하기도 하였다. 그런데 새로이 취임한 세 명 중 김창석 대법관은 서울고법 형사 4부 부장판사로 삼성SDS의 신주인수권부사채의 저가 발행 파기 환송심에서 이건희 회장에게 특경가법 상 배임 혐의를 적용하여 유죄를 인정하면서도 형량은 추가하지 않아 결과적으로 이건희 회장이 집행 유예를 확정 선고받는 데 결정적 역할을 한 사람이다. 경제민주화와 재벌개혁에 대한 관심과 열망이 높은 지금 같은 상황에서도, '재벌 총수 편들기' 판결의 전형이라고 할 만한 판결을 내린 사람 중 한 명이 대법관으로 추천되고, 인준되었다. 삼성그룹의 힘일까? 아니면 재벌 문제의 심각성에 대한 안이한 인식들 때문일까?

　김창석 대법관을 지명한 사람은 바로 양승태 대법원장이다. 그런데 양승태 대법원장은 대법관 시절에 삼성에버랜드 전환사채뿐 아니라 삼성SDS의 신주인수권부사채의 저가 발행도 배임죄에 해당하지 않는다고 별개 의견을 통해 가장 강력히 주장한 분이다. 삼성그룹 이건희 회장 입장에서 보면 가장 소신 있게 재벌 총수 일가의 이익을 대변한 분이다. 양승태 당시 대법관 주장의 논리적 타당성을 차치하더라도, 경제민주화라는 시대정신과 부합하는 대법원장 임명이라고는 생각할 수 없다. 더욱이 이런 결격 사유가 대법원장 국회 인준 과정에서 그다지 크게 이슈화되지 않았던 것도 충격적이다. 무지의 소산이었을까, 아니면 삼성그룹의 정치권에 대한 영향력의 반증이었을까?

　참여정부 때 대법원장으로 임명된 이용훈 전 대법원장 역시 삼성에버랜드 전환사채 사건에서 삼성에버랜드 측에 섰던 변호사 중 한 사람이다. 그런 사람을 대법원장으로 임명한 사람은 흔히들 개혁적이었다고 생각하는 노무현 전 대통령이다. 사법부 인사의 역사를 보면, 재벌세습에 관대하고 법적으로 용인되도록 역할을 했던 분들이 적어도 어떤 불이익을 본 것 같지는 않다.

　정치계, 관계에 대한 재벌의 영향력 오남용을 시사하는 사례들도 있다. 재벌의 경제력 집중이 해소되지 않은 상태에서, 충실한 법 집행의 요구는 법 자체를 재벌에게 유리하게 바꾸는 퇴행으로 귀결될 수 있다. 이처럼 유추하게 해주는 사례가 있다. 2005년에 참여연대는 삼성그룹이 '금융 산업의 구조개선에 관한 법률'(금산법) 제24조를 위반하고 있음에도 불구하고, 금융감독위원회가 이런 불법 행위를 묵인했다고 주장하면서 금융감독위원장 등을 직무 유기로 서울중앙지검에 고발하였다. 금산법 제24조는 재벌 금융 계열사가 비금융 계열사 지분을 취득할 때 모든 금융 계열사 합계 지분이 5%를 초과할 수 없고, 위반 시 주식을 매각하도록 규정한 조항이다. 참여연대가 제기한 삼성그룹의 금산법 위반 사례는 두 가지였다. 첫째, 중앙일보를 삼성그룹에서 분리하는 과정에서 삼성카드가 삼성에버랜드 지분 10.0%를 인수했고 이후 증자에 참여해 2005년 당시 25.6%를 갖게 됐다는 것이다. 둘째, 삼성생명이 삼성전자 지분 7.25%를 갖고 있으므로 금산법을 위반하였다는 것이다.

삼성그룹의 금산법 위반 논란은 결국 2005년 말 금산법 개정을 통해 삼성생명의 삼성전자 지분 보유를 합법화시키는 것으로 종결되었다. 특히 삼성생명의 삼성전자에 대한 지분 중 금산법 한도 초과분에 대해서만 의결권을 제한하고 삼성카드의 삼성에버랜드에 대한 지분 중 금산법 한도 초과분은 유예 기간을 두고 단계적으로 매각하도록 한다는 입법 예고안에도 불구하고, 최종적인 법 개정안은 삼성그룹의 입장을 대폭 반영한 부칙 조항들을 추가하는 것으로 귀결되었다. 이 개정안 부칙에 의해 삼성전자에 대한 삼성생명의 지분 7.25%는 금산법 제24조의 예외로 인정받고, 나아가 부칙 6조는 삼성카드와 삼성생명에게 벌칙이나 과태료 부과를 면제해 주었다. '금산법 개정 사건'이 이른바 참여정부 시절에 일어난 것임을 생각해 보면, 정치계, 관계에 대한 재벌의 영향력이 얼마나 심각한 문제인지를 너무나도 쉽게 이해할 수 있다.

학계에 대한 재벌의 영향력은 연구비나 사외 이사라는 당근을 이용해 행사된다. 재벌 계열사의 거버넌스governance 개선을 위해 도입된 사외 이사 제도가 유명무실해졌음은 이미 널리 알려진 사실이다. 그런데 이런 사외 이사 자리가 재벌과 총수 일가의 이익에 순응하도록 교수들에게 당근으로 제공된다는 의심을 사고 있다. 9월 10일 자 연합뉴스 보도에 따르면, 10대 재벌그룹 상장 계열사들이 지난 1년간 새로 선임한 사외 이사 가운데 40% 이상이 교수였다. 또한 검찰, 행정부, 국세청, 공정거래위원회, 판사, 관세청 등 정부 고위 관료나 권력 기관 출신이 37.7%를 차지하였다. 그러나 연합뉴스 2011년 11월 6일 자 보도에 의하면, 대규모 기업 집단 소속 회사들의 이사회 안건 중에서 사외 이사 반대로 부결된 건은 0.1%에도 미치지 못한 것으로 드러났다. 사외 이사 자리가 기업의 거버넌스 개선에 활용되기보다는 재벌에 순응하는 교수, 관료, 법조인 들에게 보상 수단으로 전락한 건 아닌지 심각하게 되돌아보아야 할 시점이다.

학계에 미치는 재벌의 영향력과 관련해 개인적인 경험도 있다. 2012년 봄 한 학회에서 재벌개혁의 본질은 시장경제체제를 정립하는 데 있다고 토론한 적이 있다. 토론이 끝난 후 선배 교수 두 분이 내게 한 말이 너무나 충격적이었다. "박 교수도 '좌향좌'했구먼." 나는 시장경제체제를 정립하는 것이 어떻게 '좌향좌'냐고 물었다. 그랬

더니 내게 돌아온 말은 다음과 같았다. 어쨌든 재벌 입장에서 보면 그렇다는 것이었다. 이 두 분은 평소 재벌 입장을 대변하고 다니는 분들도 아니었다. 나로서는 '재벌 입장에서 보는' 교수들이 이다지도 많다는 사실에 놀랄 뿐이었다.

이제 언론에 대한 재벌의 영향력을 보여 주는 최근 사례 하나를 소개함으로써 재벌에 의한 경제력 집중의 심각성에 대한 논의를 매듭짓기로 하자. 2012년 2월에 한화그룹 김승연 회장은 한화S&C 주식을 저가로 매각한 배임·횡령 혐의로 검찰로부터 징역 9년, 벌금 1,500억 원을 구형받았다. 그런데 한화그룹은 그 전해 2월 10일 김승연 회장이 배임·횡령 혐의 등으로 불구속 기소됐다는 공소장을 받았으나, 이 사실을 1년이 지나도록 공시하지 않았다. 이와 같은 공시 의무를 위반할 경우에, 통상적으로 한국거래소는 해당 주식 거래를 정지시킨 뒤 상장 폐지 실질 심사 대상인지 여부에 대해 판단하는 시간을 1주일 정도 가진다. 그러나 한국거래소는 한화그룹 사건에 대해 유례없이 빠른 속도로 대응해, 사건 발생 이틀 만인 일요일에 상장 폐지 실질 심사 대상이 아니라는 결론을 내렸다. 유가 증권 시장에서 상장 폐지 심사 대상까지 올랐다가 회사의 소명을 인정해 곧바로 거래 정지 없이 심사에서 빠진 것은 이번이 처음일 정도로 이례적이었으나, 한국거래소는 시장의 안정성과 투자자 보호를 위한 조처였다고 강조했다. 만약 한국거래소의 이와 같은 판단에 동의한다면, 10위권 재벌인 한화그룹도 이미 심각한 경제력 집중의 문제를 가지고 있음을 인정하는 것이 된다. 왜냐하면, 사후적 규제가 실행되어 경제적으로 큰 부작용이 미칠 기업 집단이 존재한다면 이런 기업 집단에게는 사후 규제의 규범이 작동될 수 없고, 따라서 사전적인 규제를 통해 지나친 경제력 집중을 완화해야 한다는 의미가 유추되기 때문이다.

그런데 한국거래소의 유례없는 대응과 결정을 1면 기사로 다룬 신문은 조선일보, 중앙일보, 동아일보, 한겨레신문, 경향신문 중에서 조선일보뿐이었다. 물론 조선일보 기사도 작은 크기였다. 그러나 내게 보다 충격적인 것은 한겨레신문과 경향신문도 1면 기사로 다루지 않았다는 점이었다. 한화그룹의 '상장 폐지 실질 심사' 대상과 관련된 소동이, 주말 TV 뉴스 보도와는 달리 1면 기사감이 아니었다고 신문사들이 판단한 것일까? 아니면 광고주인 한화그룹의 영향력이 작동한 결과일까? 우리나라 신문사 대부분이 심한 재정 압박을 받고 있는 현실에서, 신문사에 대한 광고주의 영향력은 매우 클 것이다. 재벌개혁에 대해 쓴 칼럼을 광고주의 압력을 이기지 못한 데스크가 결국 신문에 내지 않은 적이 있다고 말하는 분들을 재벌개혁 관련 토론회에서 본 적이 있다. 광고주로서 재벌의 언론, 특히 신문에 대한 영향력은 이미 우려할 만한 수준을 넘은 것 같다.

재벌 총수 일가와 그들의 이익을 대변하는 사회 지도층의 담합은 결국 정치적, 경제적, 사회적 지위의 계급화를 가져온다. 재벌 총수의 방계 가족도 아니고 이른바 사회 지도층에 속하는 부모를 갖지도 못한 보통 사람들은 좋은 직장이라고 여겨지는 대기업에 취직하기가 더 어려워지는 것이다. 이뿐 아니다. 재벌 총수 일가에 의한 지배권 승계는 우수한 인재들이 대기업에 취업할 동기를 상실하게 한다. 서울대학교 경영학과의 많은 학생들이 고시 공부를 하고 있다고 한다. 미국 대학생들이 대기업의 최고 경영자가 되겠다는 포부를 가지고 MBA 과정에 진학하고 도전하는 것과는 딴판이다. 공무원 채용과 기업 입사를 비교하면, 미국이나 한국 모두 직업의 안정성 면에서 공무원이 더 낫다. 그러나 확률은 낮더라도 기업에 취업해 자기 하기에 따라 최고 경영자가 될 수도 있다고 믿을 수 있다면, 직업 안정성이 낮다는 위험을 감수할 젊은이들이 있기 마련이다. 당장 대학생을 붙잡고, 당신이 미래 삼성전자의 (실질적인) 최고 경영자가 될 수 있다고 생각하느냐고 묻는다면 99% 이상이 꿈도 꾸지 못할 일이라고 대답할 것이다. 세습되는 재벌 체제 안에서 누가 그런 꿈을 꿀 수 있을까?

재벌 총수 일가의 불법·편법적 지배권 승계·강화에 대한 민주적 통제의 강화는 재벌의 경제력 집중에 의한 과도한 사회적 영향력을 통제하는 원천이 될 수 있다. 또한 재벌의 불법·편법적 지배권 승계 방지에 초점을 둔 재벌개혁은 불법·편법적 지배권 승계를 위한 경제력 집중 강화 그리고 불법·편법적 지배권 승계를 통한 경제력 집중의 심화라는 악순환의 고리를 끊게 될 것이다. 그러나 젊은이들이 원하는 일자리를 제공하는 기업은 재벌의 계열사이고, 신문이나 방송에 광고를 구매할 수 있는 기업도 재벌의 계열사이고, 정치 자금이나 연구비를 받을 수 있는 곳도 재벌뿐일 정도로, 우리 경제에서 재벌이 차지하는 비중이 너무 큰 이 '경제력' 집중 문제가 해소되지 않는다면, 재벌개혁은 지속 가능하지 않을 수 있다. 일시적인 정치적 관심으로 재벌개혁이 시작되더라도 재벌의 막강한 정치적, 경제적, 사회적 영향력은 지속될 수 있고, 그러면 재벌개혁 정책은 어디에선가부터 삐걱거리고 흐지부지될 개연성이 높다. 재벌의 막강한 정치적, 경제적, 사회적 영향력은 근본적으로 경제력이 재벌로 집중돼 있기 때문이다. 따라서 재벌개혁이 성공하려면 재벌에 의한 '경제력' 집중 문제 해소가 동반되어야 한다.

제4부에서 다루는 재벌개혁 정책 수단들은 재벌 총수 일가의 불법·편법적 지배권 승계·강화를 보다 직접적으로 막을 수 있는 구조적 정책 수단과 행위 규제 수단 들이다. 이러한 구조적 정책 수단과 행위 규제 수단 들이 적용된다면, 총수 일가의 불법·편법적 지배권 승계·강화는 상당히 어려워질 것이다. 그리고 이에 더하여 재벌의 경제력 집중의 문제도 완화될 수 있을 것으로 예상된다. 불법·편법적 승계가 법 제도적으로 불가능해지면 재벌 총수의 경제력 집중에 대한 유인이 줄어든다. 이런 유인 감소라는 측면 외에도 실제로 순환출자 금지나 지주회사제도 규율 강화라는 구조적 정책은 재벌의 가공자본을 축소시켜 '경제력'의 집중을 완화할 수 있다. 일감 몰아주기 등 부당내부거래의 실효적 규제와 같은 행위 규제 또한 재벌의 무차별한 계열사 확장을 제어할 수 있다. 그러나 이런 정책들만으로 재벌의 경제력의 집중 문제가 충분히 해소되지 않을 수도 있다. 이에 대해서는 제4부에서 상세히 다루기로 하자.

part 04

재벌개혁 어떻게 할 것인가?

재벌 문제의 핵심은 재벌 총수 일가의 지배권 세습과 이런 불법·편법적 승계를 사회적으로 용인하게 만드는 경제력 집중이라고 하였다. 재벌세습은 단지 형식적인 법 위반이나 법 집행의 미비함을 넘어 훨씬 근본적인 문제를 야기한다. 재벌 총수 일가의 불법·편법적 승계는 사유재산권, 주식회사 제도, 법치주의와 같은 시장경제체제의 근간이 되는 법과 제도의 붕괴를 초래하고 있다. 건전한 시장경제체제의 정립 없이는 헌법에서 규정한 경제민주화도 실현될 수 없다. 재벌세습은 또한 재벌 총수 일가를 중심으로 하는 사회·경제적 지위의 계급화를 동반한다. 따라서 재벌개혁은 시장경제체제의 정립과 정치 민주주의 공고화를 위해 피할 수 없는 역사적 과업이다.

그렇다면 재벌개혁을 어떻게 해야 할 것인가? 실제로 재벌 총수 일가의 불법·편법적 종잣돈 및 종자기업 만들기를 막을 수 있는 규제와 종자기업 중심의 지배구조 재편을 막을 수 있는 정책이 함께 상당 기간 지속되어야 한다. 또한 경제력 집중 억제에 보다 초점을 둔 정책 방안들도 함께 강구되어야 한다.

제4부에서는 재벌개혁 방법론으로 행위 규제, 지배구조 개선, 경제력 집중 억제 방안을 살펴보기로 한다. 제4부의 내용은 다소 전문적 지식을 요구하는 것들인데, 재벌개혁의 법률적 구체화보다 큰 틀에서의 방향성에 더 관심이 있는 독자들은 제5부로 건너뛰어도 무방할 것 같다.

1 지금까지의 재벌 정책은 재벌 문제를 해결하지 못하였다

재벌의 경제력 집중을 더 이상 방치할 수 없다는 문제의식에서 1986년 공정거래법 제1차 개정이 이루어졌다. 공정거래법 제1차 개정은 비교법적으로 드문 경제력 집중 억제책들을 도입하였는데, 특히 출자총액제한제도가 이후 주요 정책 수단으로 활용되었다. 재벌규제 정책은, 2003년에 출범한 참여정부가 시장 개혁 3개년 계획을 추진하면서, 재벌의 지배구조 개선을 주된 목적으로 하여 변경했다. 이를 위해 지주회사제도로의 전환 유도와 공시 제도 및 이사회 의결 조건을 강화하는 규제들이 도입되었으며, 출총제는 재벌 지배구조의 개선에 대한 유인책으로 쓰였다. 그러나 이러한 재벌 정책들은 경제력 집중 해소도, 재벌의 지배구조 개선도 달성하지 못했다. 이제부터 기존 재벌 정책의 구체적 내용이 무엇인지, 그리고 왜 이런 정책들이 실패하였는지에 대해 상세히 살펴보기로 하자.

출자총액제한제도는 외환위기 이후에 무력해지기 시작했다

1986년 제1차 공정거래법 개정으로 재벌에 대한 규제가 도입된 것은, 개별 시장에서의 불공정한 행위 규제만으로는 시장경제 질서를 형성하는 데 한계가 있다는 인식에서 비롯되었다(공정거래위원회, 『공정거래 30년사』, 2011, 349쪽 이하 참조). 이런 인식에서 제1차 공정거래법 개정에서는 지주회사의 설립 및 전환을 금지하고, 대규모 기업 집단이라는 개념을 도입하였다. 또 이러한 대규모 기업 집단 소속 회사에 대하여 ① 계열 회사 간 상호출자를 금지하고, ② 자기 순자산(자본 총계에서 다른 계열사들로부터 출자받은 주식의 액면가를 뺀 값)의 40%를 초과하여 국내 다른 회사의 주식을 취득할 수 없도록 하고(이를 '출총제'라고 부름), ③ 금융·보험사가 취득 또는 소유 중인 국내 계열 회사 주식의 의결권 행사를 금지하였다. 한편 1992년 제3차 공정거래법 개정에서는 계열사 간 채무보증을 자기 자본(자본 총계라고도 함. 발행 주식의 액면가 총액인 자본금과 액면가와 실거래가 차이를 반영한 자본 잉여금, 당기 순이익에서 배당과 투자 등을 공제한 이익 잉여금, 자본 조정의 합계를 의미함)의 200% 이내로 제한하는 채무보증 제한 제도가 신규로 도입되었는데, 이후 채무보증 한도는 자기 자본의 100%로 축소되고, 1998년 제6차 공정거래법 개정에서는 전면 금지되었다.

논의에 앞서 우선, 제1차 공정거래법 개정에서 도입된 계열사 간 상호출자 금지가 무엇을 의미하는지 알아보자. 상호출자 금지란 한 계열사가 다른 계열사로 출자한 경우 피출자 계열사가 다시 출자 계열사에 출자할 수 없도록 제한하는 것이다. 계열사 간 상호출자가 허용되면, 상호출자를 통해 두 계열사는 가공자본을 끝없이 증가시킬 수 있다. 예를 들어, 계열사 A가 계열사 B에 자신의 자본금 전액인 100만 원을 출자하였다고 하자. 상호출자가 허용되면 계열사 B는 계열사 A로부터 출자받은 자본금 100만 원을 다시 계열사 A에게 출자할 수 있는데, 이 경우 계열사 A의 장부 상 자본금은 200만 원, 그리고 계열사 B의 장부상 자본금은 100만 원으로 기록된다. 따라서 계열사 A와 계열사 B로 구성된 이 기업 집단의 실제 자본금은 100만 원인데, 상호출자에 의해 자본금이 300만 원인 것처럼 부풀려지는 것이다. 계열사 A와 계열사 B는 100만 원씩 가공자본을 가지게 된 것이다. 만약 계열사 A가 계열사 B에게 200만 원을 출자하고 다시 계열사 B가 계열사 A에게 300만 원을 출자하는 상호출자를 한 번 더 하게 되면, 계열사 A와 계열사 B의 장부 상 자본금은 500만 원과 300만 원으로 증가하게 되고 가공자본은 각각 400만 원과 300만 원으로 증가하게 된다. 따라서 상호출자 제한 제도는 상호출자 과정을 거쳐 가공자본들을 무한히 증식시킬 수 있는 가능성을 차단하는 규제이다.

계열사 간 상호출자가 금지되어도 '간접적인 상호출자'는 여전히 가능하다. 예를 들어, 계열사 A가 계열사 B에, 계열사 B는 계열사 C에, 계열사 C는 다시 계열사 A에 출자하는 경우이다. 이런 출자 구조를 '순환출자' 또는 '환상형 순환출자'라고 부른다. 순환출자는 본질적으로 간접적인 상호출자로, 상호출자와 마찬가지로 기업 집단의 가공자본을 무한히 늘릴 수 있음을 어렵지 않게 확인할 수 있다. 공정거래법 제1차 개정 당시에는 재벌 계열사 간의 출자 구조를 확인할 수 있는 여건이 구비되지 않았다고 한다. 따라서 자기 순자산의 40%를 초과하여 국내 다른 회사의 주식을 취득할 수 없도록 규제한 출총제가 순환출자 금지의 대안으로 도입된 것이다. 즉 출총제는 순환출자를 통한 간접적 상호출자 방식으로, 대규모 기업 집단이 확대되는 것을 방지하려는 목적에서 입법된 것으로서 어느 정도 재벌의 경제력 집중을 억제하는 역할을 수행한 것 역시 사실이다. 예를 들어, 1998년 2월 출총제가 폐지된 후 재벌에 의한 경제력 집중이 더욱 심화되었고, 1999년 12월 출총제 재도입 과정에서 재계의 줄기찬 로비로 출총제가 유명무실해지기 시작했다는 점이 출총제의 효과를 반증한다.

출총제의 구체적 내용은 도입 이후 수차례 변경되었으며, 2009년 마침내 출총제 자체가 폐지되었다. 1994년 제4차 공정거래법 개정에서는 출자 총액의 한도가 순자산액의 40%에서 25%로 축소되었으며, 소위 IMF 외환위기를 겪고 난 후인 1998년 제6차 공정거래법 개정에서는 기업 구조 조정, 신규 사업 진출 및 적대적 M&A에 장애가 될 수 있다는 지적에 따라 출총제가 폐지되었고, 이후 경제력 집중의 문제가 심화되자 재도입되었다. 그런데 1998년 공정거래법 개정에서는 또한 차입 경영을 통한 무리한 기업 확장이 기업 집단 소속 회사들의 동반 부실화와 연쇄 도산을 초래했다는 인식에 따라, 계열사 간 채무보증이 전면 금지되었다. 이후 이처럼 계열사 간 채무보증이 전면 금지되면서 재벌의 도산 가능성이 거의 사라졌다는 생각이 만연해졌다. 반면에, 출총제가 기업 투자를 저해한다는 주장이 재벌들로부터 줄기차게 제기되었다(물론 제1부에서 상세히 살펴보았듯이, 출자와 투자는 무관하다). 재벌의 이런 주장이 정책에 반영되면서, 출총제는 부활과 동시에 많은 예외 인정 규정이 포함되었다.

그러나 계열사 간 채무보증 전면 금지로 재벌의 도산 가능성이 거의 사라졌다는 생각은 대우그룹의 도산으로 전혀 근거 없다는 사실이 즉각 밝혀졌다. 대우그룹의 도산은 계열사 간 채무보증이 전면 금지된 뒤에 벌어진 일로, 무리한 확장 경영 전략이 몰고 온 연쇄적인 재벌 계열사 도산 사건이었다. 대우그룹이 워크아웃을 신청한 것은 1999년 8월 26일로 어느 정도 외환위기가 수습되던 시점이었다. 1999년 당시 대우그룹은 대우자동차, 쌍용자동차 등의 자동차 부문, 대우중공업 등의 중공업 부문, 대우전자 등의 전자 부문, 그리고 기타 부문으로 구성되어 있었다. 대우그룹은 자동차 부문의 부실이 중공업 부문을 포함해 그룹 전 사업 부문으로 전이되면서 도산한 것이다. 당시 ㈜대우는 명목상 무역·건설 회사였으나, 실제로는 국외에서 부채로 자금을 조달하여 소비자 금융이 활성화되지 않은 후진국에 자동차 판매 금융을 제공했던 것이다. 외환위기 전후 국내 자동차 시장의 시황도 좋지 않았는데, ㈜대우는 국외 자동차 판매 대금도 회수하지 못했다. 이 와중에 대우그룹의 김우중 회장은 상대적으로 재무 상태가 양호한 대우중공업을 자동차 합작 투자 사업에 끌어들였다. 무리한 사업 확장 탓에 정확한 규모를 알 수 없을 만큼 국외 및 국내 부채를 짊어진 대우그룹은 국내외 자동차 시장의 부진으로 자금 회전에 어려움을 겪다가, 결국 채무를 감당할 수 없는 처지에 이르러 워크아웃을 신청했다.

외환위기를 거치면서 출총제가 유명무실해진 것은 계열사 간 채무보증 금지와 부채 비율의 감소 압력에 직면한 재벌 총수가 그룹의 지배권을 유지하기 위해서 계열사 간 출자를 증가시켜야 했고 따라서 필사적으로 출총제를 무력화시키려고 했기 때문이라고 추론된다. 따라서 1998년 출총제가 폐지된 후에 재벌의 출자 총액이 크게 증가하였는데, 2001년도 공정거래위원회 자료에 따르면 1998년 4월부터 1년 사이에 출자 총액은 17조 7,000억에서 29조 9,000억으로 증가했고, 그에 따라서 순자산 대비 출자 비율은 29.8%에서 32.5%로, 계열 회사 지분율도 36.6%에서 45.1%로 급증하였다. 이러한 방만한 출자 확대로 인해 출총제 재도입의 필요성이 다시 제기되었고, 이는 1999년 말의 제8차 공정거래법 개정에 반영되었다. 그러나 출자 비율 한도 초과 해소 시한인 2002년 4월이 다가오자, 재계의 강력한 반발로 규제의 강도를 낮추는 공정거래법 개정이 다시 진행되었다. 이후 출총제는 ① 기업 집단의 지정 면제, ② 소속 회사의 적용 제외, ③ 특정 출자의 적용 제외, ④ 특정 출자 예외 인정 등의 적용 면제 제도를 확대하면서 유명무실해지기 시작했다. 출총제는 지주회사 전환을 위한 출자는 예외로 인정하는 등 더 많은 예외 인정과 적용 제외 규정을 포함했으며, 2002년 제10차 공정거래법 개정에서는 출총제 적용 대상 기업 집단 선정 기준을 종전에 자산 총액 순위대로 30대 기업 집단을 지정하는 방식에서 총자산액 기준으로 변경하였다. 이후 적용 대상 기업 범위가 점차 축소되다가 2009년 3월 25일 공정거래법 개정으로 폐지되었다.

시장 개혁 3개년 계획은 재벌의 지배구조 개선을 달성하지 못했다

재벌 정책의 중심이 경제력 집중 문제에서 지배구조 문제로 옮겨가게 된 배경 중 하나는 제2부에서 다룬 재벌 총수 일가의 지배권 세습이 본격적으로 사회문제화되기 시작한 것과 무관하지 않다. 2003년 출범한 노무현 정부는 시장 개혁 3개년 계획을 추진했는데, 주요 골자는 대규모 기업 집단의 지배구조 개선이었다. 구체적으로, 2003년 12월 30일에 발표된 '시장 개혁 3개년 로드맵'에서 대규모 기업 집단의 소유 지배구조를 개선하기 위한 다양한 정책 방안과 구체적 집행 계획이 제시되었다. 우선 기업 집단 소유 지배구조에 관한 정보 공개 정책의 일환으로서, 계열사 및 총수 일가의 지분 보유 관계와 기업별·기업 집단별 의결권과 이익 청구권의 차이를 나타내는 지수들(의결권승수 및 괴리도)을 매년 공개하고, 대규모 기업 집단에 속한 비상장·비등록 기업의 공시 의무를 강화하였다.

　그러나 '시장 개혁 3개년 로드맵'은 기업 집단 차원의 의결권과 이익 청구권의 차이를 줄이는 지배구조의 개선이라는 목적을 달성하지 못하였다. 로드맵의 후속 조치라 할 2004년, 2005년의 법과 시행령 개정에서는, 출총제를 통해 소유 지배구조의 개선 및 투명 경영을 유도하기 위해 각종 예외 조항과 졸업 기준이 마련되었다. 구체적으로, 기업 집단 차원에서 의결권과 이익 청구권의 차이를 나타내는 지수들의 값이 특정 수준 이하이고(보다 구체적으로 말하자면, 소유 지배 괴리도가 25% 이하이고 의결권 승수가 세 배 이하인 기업 집단과 계열사 수가 5개 이하이고) 출자 구조가 2단계 이하인 기업 집단을 제외하고, 계열 회사 차원에서 지주회사·자회사 및 사업 관련 손자회사와 서면 투표제, 집중 투표제, 내부거래 위원회, 사외 이사 후보 추천 위원회, 자문단 중 세 가지 이상을 설치·운영하는 회사는 면제해 주었다. 그러나 서면 투표제, 집중 투표제, 내부거래 위원회, 사외 이사 후보 추천 위원회, 자문단 중 세 가지 이상을 설치·운영하는 회사에 대한 출총제 적용 면제 규정을 둠으로써 사실상 기업 집단의 지배구조 개선 유인이 없어지게 되고, 시장 개혁 3개년 계획은 재벌의 지배구조 개선에 대한 실효성 있는 성과 없이 출총제만 유명무실화시키는 결과를 낳았다.

시장 개혁 3개년 계획은 또한 대규모 기업 집단의 지배구조를 지주회사 체제로 전환하도록 유도하는 것을 목적으로 삼았다. 지주회사는 1986년 공정거래법 제1차 개정 때는 설립 자체가 원칙적으로 금지되었다. 그러나 '지주회사 금지'의 선례라 할 일본의 독점금지법이 지주회사를 허용하는 방향으로 개정되고, 또 OECD나 IBRD 등에서 기업 경영의 투명성을 높이기 위해 지주회사제도가 도입될 필요가 있다고 권고한 것 등을 참고하여, 1999년 2월 공정거래법을 개정하면서 원칙적으로 지주회사를 허용하되 일정하게 제한하는 방향으로 변경하였다. 이후 지주회사 정책은 기업 집단이 지주회사 체제를 적극적으로 수용하도록 유인하는 방향으로 추진되었는데, 이는 지주회사에게 부과되었던 여러 제한을 지속적으로 완화하는 경향으로 나타났다. 실제로 2004년 12월 공정거래법 개정 이후 지주회사 수는 급증하였는데, 2011년 『공정거래백서』에 따르면 일반 지주회사는 2005년 22개에서 2010년 84개로 늘었으며, 금융 지주회사도 2005년 3개에서 2010년 12개로 증가하였다. 그러나 지주회사 설립 및 전환 요건이 지나치게 완화되었기 때문에 지주회사의 수가 급증했다는 비판이 최근에 제기되었다. 사실 지주회사 설립 및 전환 요건의 지나친 완화는 오히려 재벌의 경제력 집중을 심화시키고, 종자기업을 이용한 출자 구조 변경으로 재벌세습을 용이하게 만드는 맹점을 지니고 있다. 이에 대해서는 다음 3장에서 좀 더 상세히 살펴보기로 하자.

지주회사제도 규제를 완화한 2004년 12월 공정거래법 개정은 또한 대규모 기업 집단에 대한 공시 의무를 확대하였는데, 금융업 또는 보험업을 영위하는 회사를 제외한 대규모 기업 집단에 속한 비상장 회사에 대해서도 ① 최대 주주와 주요 주주의 주식 보유 현황 및 그 변동 사항, 임원의 변동 등 회사의 소유 지배구조와 관련된 중요 사항, ② 자산·주식의 취득, 증여, 담보 제공, 채무 인수·면제 등 회사의 재무 구조에 중요한 변동을 초래하는 사항, ③ 영업 양도·양수, 합병·분할, 주식의 교환·이전 등 회사의 경영 활동에 중요한 변동을 초래하는 사항 등에 대하여 공시할 의무를 부담하게 하였다. 또한 출총제가 폐지된 2009년 공정거래법 개정에서는 기업 집단 현황 등에 대한 공시 제도가 도입되었다. 새로운 기업 집단 공시 제도는 상호출자 제한 기업 집단에 속한 회사가 기업 집단 전체에 대하여 일정한 사항을 공시할 것을 의무화하였는데, 구체적으로 상호출자 제한 기업 집단에 속한 회사의 명칭, 사업 내용, 재무 현황, 계열 회사의 변동 내역, 그 밖에 공정거래위원회가 정하여 고시하는 일반 현황, 상호출자 제한 기업 집단에 속하는 회사의 임원 현황, 상호출자 제한 기업 집단에 속하는 회사의 소유 지분 현황, 상호출자 제한 기업 집단에 속하는 회사 간 출자 현황, 상호출자 제한 기업 집단에 속하는 회사와 그 특수관계인*(재벌 총수 일가, 계열 회사, 임원, 종업원 등을 포함한 개념임) 간 자금·자산 및 상품·용역을 제공하거나 거래한 현황 등을 기업 집단 대표 회사가 연 1회 공시하도록 규정하고 있다.

이에 더하여 공정거래위원회는 주식 소유 현황과 지배구조에 대한 정보도 공개하고 있는데, 처음 실시한 2001년에는 대규모 기업

---

* 특수관계인이라 함은 일반적으로 회사의 대주주와 특수관계에 있는 사람을 지칭하는 경우에 쓰여지는 용어다. 법인세법상 특수관계인은 ⓐ 주주 1인과 친족관계에 있는 자 ⓑ 당해 주주가 법인인 경우에는 당해 법인이 50% 이상을 출자하고 있는 법인과 당해 법인에 50% 이상을 출자하고 있는 법인이나 개인 ⓒ 당해 주주가 개인인 경우에는 당해 개인과 그 친족이 50% 이상을 출자하고 있는 법인 ⓓ 당해 주주와 그 친족이 이사의 과반수이거나 출연금의 50% 이상을 출연하고 그 중 1인이 설립자로 되어 있는 비영리법인을 말한다. 한편 증권회사의 자산운용과 연관하여 규정된 특수관계인은 ⓐ 당해 증권회사주식을 10% 이상 보유한 법인 ⓑ ⓐ의 법인이 50% 이상 출자한 법인 ⓒ ⓐ의 법인에 50% 이상 출자한 법인 ⓓ 당해 증권회사주식의 10% 이상을 소유한 개인주주가 50%이상 출자한 법인 ⓔ 당해 증권회사 임원이 50% 이상 출자한 법인 ⓕ ⓐ의 법인주주로 ⓓ의 개인주주 및 ⓔ의 증권회사 임원이 출자한 총합계액이 50% 이상인 법인 등이다.

집단의 소속 회사별 내부 지분율 현황만 공개하였다. 2004년부터는 상호출자 제한 기업 집단으로 지정된 회사가 4월 말까지 제출한 주식 소유 현황 자료를 토대로 공정거래위원회가 이들 집단의 소유 지분 구조를 분석하여 매년 공개하고 있다. 그리고 2010년부터는 정보 공개의 범위를 확대하여 상호출자 제한 기업 집단의 지배구조에 대해서도 공개하고 있다.

공정거래법에 의한 대규모 기업 집단 정보 공개의 강화와 더불어 IMF 외환위기 이후 지속적으로 소액 주주의 권한이 강화되고, 사외 이사 및 감사 위원회가 도입되는 등 변화가 일었다. 공정거래위원회가 2010년 10월 발표한 53개 상호출자 제한 기업 집단의 지배구조 현황에 따르면, 53개 기업 집단 중 총수가 있는 기업 집단인 35개 재벌의 상장 회사의 전체 이사 1,347명 중 사외 이사는 614명으로 이사회 내 사외 이사 비중은 45.6%로 나타났다. 또한 35개 재벌의 상장 회사에 감사위원회 및 사외 이사 후보추천위원회가 설치된 비중은 각각 59.1%, 47.7%로 상대적으로 높았다.

그 결과, 기업 경영에서 내·외부 견제 시스템 제도는 선진국 수준에 다다랐다. 그러나 이 견제 시스템의 실제 작동 수준은 매우 미흡하다고 평가되고 있다(2010년 『공정거래백서』, 265~266쪽). 또한 대규모 기업 집단 소속 회사들의 사외 이사 비중은 높아졌으나, 이사회 안건 중 사외 이사 반대로 부결된 건은 0.1%에도 미치지 못한 것으로 보도되었다(「연합뉴스」, 2011년 11월 6일 자). 이와 같이 선진국 수준의 내·외부 견제 시스템이 도입되었음에도 불구하고 이 제도가 실제로 작동하지 못하고 있는 것은 재벌이라는 한국의 독특한 대규모 기업 집단에서 총수의 이른바 황제 경영이 이루어지고 있기 때문이다. 또한 재벌과 재벌 총수의 존재를 고려할 필요가 없는 나라에서 도입한 내·외부 견제 시스템이 우리나라에서 작동되지 않는 것은 당연한 것이기도 하다. 재벌개혁은 이러한 내·외부 견제 시스템이 정상적으로 작동할 수 있는 전제일 뿐, 이러한 내·외부 견제 시스템을 도입한다고 재벌개혁이 이루어지는 것도 아니다. 35개 재벌의 전체 이사 4,736명 중 총수 일가는 425명으로 이사회에서의 비중은 9% 수준이고, 총수 일가가 전체 이사의 과반수 이상을 차지하는 회사는 모두 비상장 회사로 나타났다는 『공정거래백서』의 내용을 보더라도 총수나 총수 일가가 굳이 계열사 이사회에 참여하지 않더라도 '황제 경영'이 가능한 것이 우리 현실이다.

재벌의 황제 경영에 대해서는 여러 소문과 일화가 많다. 김용철 변호사가 쓴 『삼성을 생각한다』에서 소개된 이야기도 있다. 계열사 부당지원 등으로 회사에 4,800여억 원의 손실을 끼친 배임·횡령 등의 혐의를 받은 김승연 한화그룹 회장이 불구속 기소된 최근 사건에서, 서울 서부지법 형사 12부(서경환 부장판사)는 "한화 그룹은 김 회장을 정점으로 일사불란한 상명하복의 보고 체계를 이루고 있다"고 밝혔다. 또한 검찰이 입수한 문서를 보면 한화그룹 본부 조직에서는 김 회장을 '체어맨'을 뜻하는 'CM'이라고 부른 것으로 나타났는데, "(문서에는) 'CM'은 신의 경지이고 절대적인 충성의 대상이며 본부 조직은 'CM'의 보좌 기구에 불과하다고 표현했다"고 재판부는 밝혔다. 사법부와 검찰이 황제 경영의 실상을 사법적 판단에서도 받아들이고 있음을 시사한다는 점에서도 이 사건은 의미가 있다.

재벌 규제 변천사

연도	주요 규제 내용 및 변경
1986년 12월	• 공정거래법 제1차 개정을 통해 지주회사 설립 금지, 상호출자 금지, 출자총액제한(순자산의 40%), 금융·보험사의 의결권 행사 금지 등의 경제력 집중 억제책 도입.
1992년 12월	• 채무보증 제한(자기 자본의 200%) 도입.
1994년 12월	• 출자 총액 한도 강화(순자산의 40%에서 25%로).
1996년 12월	• 채무보증 한도 축소(자기 자본의 200%에서 100%로). • 부당내부거래 규제 도입.
1998년 2월	• 출자총액제한제도 폐지. • 신규 채무보증 금지 및 기존 채무보증 해소 의무화.
1999년 2월	• 지주회사 설립·전환의 제한적 허용.
1999년 12월	• 출자총액제한제도 재도입(순자산의 25%). • 10대 기업 집단의 대규모 내부거래 이사회 의결·공시 의무화.
2001년 1월	• 지주회사 설립 요건 완화. • 대규모 내부거래 이사회 의결·공시 의무 대상 확대(10대에서 30대 기업 집단으로).

연도	주요 규제 내용 및 변경
2002년 1월	• 대규모 기업 집단 지정 제도 변경. • 상호출자 제한 기업 집단 금융·보험사의 의결권 제한의 예외 인정 확대.
2004년 12월	• 출자총액제한제도의 4가지 졸업 제도 도입. • 금융·보험사의 의결권 행사 한도 축소(발행 주식 총수의 30%에서 15%로). • 지주회사 전환 유예 기간 연장(1년에서 2년으로).
2006년 4월	• 출자총액제한제도에 구조 조정 기업에 대한 출자 예외 인정 추가, 졸업 기준 보완 등.
2007년 4월	• 출자총액제한제도 대폭 완화 : 적용 대상 기업 집단 축소(자산 6조 원→10조 원) 및 출자 한도 대폭 상향(순자산의 25%→40%) 등. • 지주회사 설립·전환 요건 완화(자회사 및 손자회사에 대한 최소 지분율 요건을 상장회사 30%, 비상장 회사 50%에서 각각 상장 회사 20%, 비상장 회사 40%로 완화, 지주회사의 부채 비율 한도를 100%에서 200%로 상향, 유예 기간 연장).
2007년 7월	• 출자총액제한제도 적용 대상 회사 축소(소속 모든 회사→자산 2조 원 이상 회사).
2007년 8월	• 자회사의 주식 보유 대상으로서 손자회사의 사업 관련성 요건을 폐지 및 증손회사의 예외적 주식 보유를 인정.
2009년 3월	• 출자총액제한제도 폐지. • 기업 집단 공시 의무 도입.

2 불법·편법적 종잣돈과 종자기업 만들기에 대한 규제가 필요하다

재벌 문제의 핵심은 재벌 총수 일가의 지배권 세습과 불법·편법적 승계를 사회적으로 용인하게 만드는 경제력 집중이다. 그러나 1986년 공정거래법 제1차 개정 이후 지금까지의 재벌 정책은 재벌 문제의 핵심에서 비켜나 있었으며, 당연히 재벌 문제에 대한 근본적인 대책을 제시하지 못하였다. 기업 집단의 실체를 인정하는 유일한 법인 공정거래법에서도 재벌 문제는 '대규모 기업 집단' 문제, 나아가 '대기업' 문제로 둔갑되고 있다. 따라서 불법·편법적 재벌세습을 엄격히 규제할 정책과 이를 뒷받침할 법과 제도가 정비되어야 하며, 정책 의도와 합치된 법과 정책이 집행되어야만 한다. 이제부터는 이런 실효성 있는 재벌개혁을 위해 어떤 정책들이 필요한지 논의해 보기로 하자.

제2부의 사례에서 구체적으로 살펴보았듯이, 재벌세습을 위해서

는 먼저 총수 일가가 종잣돈과 종자기업을 만들어야 한다. 삼성그룹의 3세로의 지배권 승계 과정에서는 삼성에버랜드가, 현대차그룹의 승계 과정에서는 현대글로비스가, SK그룹의 지배권 승계와 강화 과정에서는 SK C&C가 각각 종자기업의 역할을 하였다. 그런데 종잣돈을 만들고 종잣돈으로 종자기업의 지배권을 획득하는 방법은 여러 가지가 있었다. 삼성그룹의 경우, 이재용 씨는 증여받은 작은 밑천으로 비상장 계열사 주식 등을 매입하여 상장 후 시세차익으로 종잣돈을 마련하였으며, 이 종잣돈으로 종자기업인 삼성에버랜드의 전환사채를 매입하였다. 현대차그룹의 경우는 정의선 씨가 2001년 2월 신설 회사 현대글로비스에 15억 원을 출자하여 지분의 59.85%를 확보하였다. SK그룹의 경우 SK C&C의 지분을 최태원 씨가 계열사들로부터 매입하였다. 처음부터 신설 회사를 종자기업으로 삼고 지분을 챙긴 현대차그룹의 경우를 제외하면, 삼성그룹과 SK그룹은 종자기업 지배권 확보 과정에서 삼성에버랜드 전환사채 사건에서의 배임문제와 SK C&C 지분 저가 매입 문제를 일으켰다. 그러나 양 사안은 법원에서 무죄를 선고받거나 계열사에 다시 지분의 일부를 증여하는 것으로 매듭지어졌다.

종자기업 키우기는 전형적으로 부당지원 행위를 통해 이뤄진다

종자기업의 지배권 확보 과정에서 발생한 불법 및 편법 문제도 심각하지만, 더 심각한 문제는 적은 종잣돈으로 지배권을 확보한 이후 종자기업의 자본금과 시가 총액을 키우는 과정에서 발생한다. 경제개혁연구소의 「경제 개혁 리포트」에 따르면, 삼성그룹 3세들이 삼성에버랜드 전환사채를 인수한 해인 1996년부터 2010년 말까지의 15년 동안, 삼성에버랜드에서 이재용 씨가 획득한 연평균 투자수익률은 약 52%이며, 1994년 SK C&C 지분을 인수한 후 2010년 말까지 최태원 회장이 올린 투자수익률은 연평균 약 221%이고, 2001년 현대글로비스 설립 이후 2010년 말까지 정의선 씨의 투자수익률 또한 연평균 약 290%이다. 종자기업은 비상장 기업이 대부분이므로 시가 총액의 증가율을 직접 계산하기 어려우나, 이처럼 매우 높은 투자수익률은 종자기업의 기업 가치도 비슷한 수준으로 커졌음을 함의한다고 볼 수 있다. 한편 감사 보고서의 대차 대조표 상의 자산을 기준으로 보면, 삼성에버랜드의 자산 규모는 1999년에 비해 2011년에 5배 이상, SK C&C의 자산 규모는 1999년에서 2008년까지 10년 사이에 약 8배, 그리고 현대글로비스의 자산 규모는 2001년부터 2005년 사이에 약 16배로 급증하였다.

그런데 부동산 사업과 급식 사업을 주로 하는 삼성에버랜드, SI 업체인 SK C&C, 물류 업체인 현대글로비스에서 재벌 총수 일가가 이처럼 경이로운 투자수익률을 만끽했다는 것은 상식적으로 이해하기 어렵다. 정상적으로 이런 투자수익률이 발생한 것이라면, 이것은 '기적'이다. 그런데 실상은 기적이라기보다는 현란한 '마술'이며, 이런 마술로 기적을 연출할 수 있었던 것은 부당내부거래라는 불공정한 도움이 있었기 때문이다. 삼성에버랜드의 경우에는 삼성생명의 지분을 저가에 획득함으로써 기업 가치가 급상승하는 계기를 마련하였으며, SK C&C와 현대글로비스는 계열사 일감 몰아주기라는 내부거래를 통해 수익률을 높이고 기업 가치가 상승했다. 그런데 향후에는 삼성에버랜드 전환사채 발행이나 SK C&C 주식 매입에서 발생한 배임, 회사 기회 유용, 주식 저가 인수 등과 유사한 법률적 문제를 회피하기 위해, 현대글로비스와 같이 규모가 작은 신설 회사의 지배권을 적은 종잣돈으로 확보할 개연성이 높다. 즉 작은 종자기업의 자본금과 시가 총액을 키우는 과정이 매우 중요해질 것으로 예상된다. 따라서 부당내부거래 특히 일감 몰아주기를 통해 총수 일가의 '종잣돈 키우기'가 더욱 중요한 이슈가 될 것으로 전망된다.

현 공정거래법은 재벌세습과 관련된 부당지원 행위를 제대로 규제하지 못한다

재벌의 '종잣돈 만들기와 종자기업 키우기'는 전형적인 부당내부거래를 통해 이루어지나, 현행 공정거래법에서 내린 부당내부거래에 대한 규제는 이와 같은 종잣돈 만들기와 종자기업 키우기를 방지하기에는 매우 미흡하다. 재벌 계열사 간 부당내부거래의 심각성을 인지한 것은 사실 오래전이다. 부당지원 행위의 금지는 1996년 12월 공정거래법에 도입되었다. 또한 1999년 개정된 공정거래법에는 10대

기업 집단의 대규모 내부거래의 경우 사전에 이사회의 의결을 거쳐 공시해야 한다는 규정도 도입되었다. 대규모 내부거래에 대한 이사회 의결 및 공시 제도는 이후 더욱 강화되었다. 2000년 4월 개정된 공정거래법 시행령의 세부적 규정은 규제 대상을 10대 기업 집단에서 상호출자 제한 기업 집단으로 확대하였으며, 이사회 의결 및 공시의 대상이 되는 대규모 내부거래의 금액을 하향조정하고 공시 대상 내용을 추가하였다.

사실 부당지원 행위를 규제하는 주된 취지가 재벌의 지배권 세습이나 경제력 집중을 위한 계열사 지원을 방지하는 데 있음에도 불구하고, 부당지원 행위는 불공정 거래 행위의 한 유형으로 공정거래법에 도입되었다. 입법 과정에서의 이런 태생적 오류가 지금에 이르기까지 부당내부거래를 제대로 규제하지 못하는 근본적 원인이 되었다. 그럼에도 불구하고 이런 태생적 오류를 바로잡기 위한 노력보다는, 부당내부거래 규제의 핵심을 의사회 의결과 공시 강화라는 정보 규제로 바꾸는 입법이 이루어지고 있는 실정이다. 이사회의 책임 강화와 사외 이사들에 의한 견제를 유도하고, 공시를 통해 소액 주주, 채권자 등 이해관계인에 의한 자율적인 감시를 가능하게 함으로써 부당내부거래를 사전에 예방한다는 취지로 도입된 이사회 의결 및 공시 제도는 황제 경영이 이루어지는 우리나라 재벌 체제에서 원래 뜻대로 작동되지 않음은 두말할 필요조차 없다.

따라서 '부당내부거래를 통한 종잣돈 만들기와 종자기업 키우기'를 막기 위해서는 부당지원 행위에 관한 공정거래법의 전면적인 수

정이 필요하다. 현행 공정거래법에서 규정한 부당지원 행위란 사업자가 부당하게 특수관계인에 대하여 가지급금, 대여금, 인력, 부동산, 유가 증권, 무체 재산권 등을 제공하거나 현저히 유리한 조건으로 거래하여 특수관계인이나 다른 회사를 지원하는 행위를 말한다(공정거래법 제23조 제1항 7호). 그리고 공정거래법 시행령에서는 이를 다시 부당한 자금 지원, 자산·상품 지원 및 인력 지원으로 분류하고 있는데, 여기에는 자금이나 자산·상품 또는 인력을 현저한 규모로 거래하는 이른바 '물량 몰아주기'를 통하여 이루어지는 지원 행위도 포함하고 있다.

부당지원 행위 규제에 관한 현행 법령의 문제점으로는 세 가지를 지적할 수 있다. 먼저, 부당지원 행위 금지 규정이 공정거래법 제23조에 불공정 거래 행위 유형으로 포함되어 있기 때문에 발생하는 문제이다. 이 문제점은 삼성SDS 부당내부거래 사건에 대한 대법원 판결이 부당지원 행위에 해당하려면 '경쟁 저해성'을 입증하여야 한다며 기존 판례를 뒤집는 판시를 함으로써 더 부각되었다. 제2부에서 살펴본 삼성SDS의 신주인수권부사채 사건에 대해서, 1999년 공정거래위원회는 삼성SDS가 신주 인수권을 이재용 씨 등 6인에게 저가 매각한 것을 부당지원으로 판단하고, 158억 원의 과징금을 부과하고 매각 중지 명령을 내렸다. 그러나 서울고법(2001. 7. 3. 선고 2000누4790 판결)은 삼성SDS가 특수관계인들에게 상당한 경제상 이익을 제공하여 부당한 지원 행위를 하였다고 하더라도, 그 지원 행위로 인하여 특수관계인들이, 그 소속한 시장에서 경쟁자를 배제할 만한 유리한 지위를 확보하여 공정한 거래를 저해할 우려가 있다는 점을 인정할 입증이 없으므로 공정위의 처분은 위법하다고 판단하였다. 대법원도 서울고법의 판결에 동의하면서, 경제력 집중의 억제가 부당지원 행위 규제의 입법 목적에 포함되어 있다고 하더라도, 부당지원 행위가 공정거래법 제5장의 '불공정 거래 행위의 금지'의 한 유형으로서 다루고 있으므로, 세대 간 변칙적인 부의 이전 등을 통한 소유 집중의 직접적인 규제는 법의 목적이 아니라고 판시함으로써, 입법 목적을 존중해 오던 기존의 판례를 뒤집어 버렸다. 따라서 삼성 SDS 판례 이후에 부당지원 행위를 통한 종자기업 키우기라는 재벌 총수 일가의 지배권 승계 전략을 공정거래법으로 규제하기가 더 어려워진 것이다.

둘째, 부당내부거래의 위법성 판단 기준에 문제가 있다. 공정거래법 시행령은 지원 행위의 구체적 유형을 자금 지원, 자산·상품 등 지원, 인력 지원의 세 가지 유형으로 열거하는 한편, 그 지원의 방식을 두 가지로 나누어 규정하고 있다. 즉, 이 세 가지 지원 유형들을 "현저히 낮거나 높은 대가로 제공 또는 거래하거나 현저한 규모로 제공 또는 거래하여 과다한 경제상 이익을 제공함으로써 특수관계인 또는 다른 회사를 지원하는 행위"를 부당지원 행위로 보고 있다. 부당지원 행위와 관련된 공정위 심결을 분석해 보면, 1998년부터 2001년까지의 기간에는 부당 자산 지원과 부당 자금 지원 사건이 가장 높은 비중을 차지했으나, 2002년 이후 이러한 유형의 부당지원 행위는 급격히 줄어들고 있고 오히려 부당 상품 및 용역 지원 행위의 비중이 증가하고 있는 실정이다. 부당 상품 및 용역 지원 행위의 대표적인 사례가 일감 몰아주기인데, 이때 '현저한 규모'라는 위법성 판단 기준이 불명확한 것이다.

일감 몰아주기로 인한 부당내부거래 사건으로 대표적인 것이 바로 현대글로비스 사건이다. 현대자동차그룹의 정의선 씨를 비롯한 특수관계인들이 100% 출자해서 설립한 현대글로비스는 현대자동차그룹의 일부 계열사 제품의 생산·판매에 부수하는 완성차 배달 탁송, 철강 운송 등 각종 물류 업무를 비경쟁적인 사업 양수 또는 수의 계약의 방식을 통하여 일감을 몰아 받았다. 이로 인하여 정몽구 회장이 10억 원, 정의선 부회장이 15억 원을 출자하여 자본금 25억 원으로 설립된 현대글로비스는 설립된 해에 매출액 1,984억 원, 당기 순이익 65억 원을 기록했다.

공정거래위원회는 현대자동차그룹의 물류비에서 현대글로비스와의 거래가 차지하는 비중이 80%에서 100%에 이른다는 점, 현대글로비스가 수주받은 물량의 매출액이 2003년, 2004년 당시 물류 시장에서 1위 사업자 매출액의 각각 29.5%와 34.6%에 이른다는 점, 현대글로비스의 전체 매출액에서 현대자동차 기업 집단 계열 회사들과의 거래 비중이 35.8%에서 41.7%까지 이른다는 점 등을 들어, 현대자동차그룹 소속 계열사들이 또 다른 계열사인 현대글로비스에게 운송 물량을 몰아준 행위는 공정거래법 상 부당지원 행위에 해당된다고 보고 시정조치와 함께 고액의 과징금을 부과하였다. 이어 현대자동차그룹 계열사들이 제기한 불복의 소에서 서울 고등법원은 공정거래위원회의 승소 판결을 내렸으며, 현대차그룹이 상고를 취하해서 판결이 확정되었다. 서울 고등법원은 현대글로비스의 설립 시기 및 통합 물류 체계의 완성 시기, 운송 계약 체결 방식, 거래 금액, 물류 업무 단가 책정 방식 등을 고려하면, 현대자동차그룹 계열사들이 현대글로비스와 운송 계약을 체결한 행위는 공정거래법 소정의 '지원 행위'에서 말하는 '현저한 규모'의 거래라고 보아야 한다고 판시하였다. 그러나 여전히 '현저한 규모'에 대한 정확한 판단 기준이 모호하다. 더 중요한 점은 이러한 '현저함'의 기준은 상품 및 용역 거래에서 발생하는, '종자기업 키우기'를 위한 일감 몰아주기의 위법성을 판단하기에 충분하지 않다는 점이다.

제2부에서 언급하였듯이, SK C&C는 계열사들의 일감 몰아주기와 같은 지원 행위를 통해 매출과 순이익을 획기적으로 증대시켰다. 공정거래위원회는 이런 지속적인 일감 몰아주기 관행에 대해 마침내 2012년 SK텔레콤 등 SK그룹 7개 계열사가 SK C&C와 시스템 관리·유지 보수 계약을 체결하면서 현저히 유리한 조건으로 일감을 몰아줌으로써 SK C&C를 부당지원하였다며 과징금 총 346억 6,100만 원을 부과하였다. 그러나 SK C&C 사례는 오히려 현행 법령에서는 명백한 지배권 승계 및 강화를 위한 일감 몰아주기도 부당지원 행위로 처벌하기가 어려움을 보여 준 경우이다. 공정거래위원회는 현대글로비스 사례와 달리 '현저한 규모'라는 기준을 사용하지 않고 '현저하게 높은 대가'라는 기준을 적용하였다. 구체적으로 SK 그룹 7개 계열사가 인건비 단가를 비계열사와 거래할 때보다 9%에

서 72% 높은 수준으로 책정하고, 또 SK텔레콤은 전산 장비 유지 보수 요율을 다른 계열사보다 20%가량 높게 책정한 점을 들어 부당 내부거래임을 입증하였다. 따라서 SK C&C 사례는 오히려 '현저한 규모'를 입증하기가 어려움을 보여 주는 사례라고 할 수 있다.

마지막으로, 부당내부거래에 부과되는 과징금 제도에 문제가 있다. 예를 들어, SK C&C 사례를 보자. 행 법령에서는 과징금을, SK C&C에 부당지원을 한 SK그룹 7개 계열사에 부과하게 된다. 즉 부당지원 행위에 의해 혜택을 입은 SK C&C나 SK C&C의 주주들은 아무런 제재도 받지 않는 것이다. 사실 부당지원을 한 계열사들의 이사들은, 삼성SDS 신주인수권부사채 사건에서처럼 배임이나 회사 기회 유용 등으로 처벌을 받을 수 있으며, 계열사 부당지원 행위와 회사 기회 유용에 대한 주주 대표 소송의 대상이 될 수도 있다. 그러나 실제 혜택을 입은 종자기업이나 재벌 승계자는, 배임이나 회사 기회 유용 등과 같은 회사법적 규율이나 계열사 간 부당지원 행위를 규제하는 공정거래법의 규율에 의해서는 아무런 처벌도 제재도 받지 않도록 되어 있다. 부당지원 행위가 위법으로 판명되어도 공정거래법에서 종자기업이나 재벌 승계자에게 아무런 제재를 가하지 않는 것은, 재벌세습이나 총수의 지배권 유지·강화를 위한 부당지원 행위를 방지한다는 입법 취지에 결코 부합한다고 볼 수 없다. 따라서 부당내부거래를 통한 '종잣돈 만들기와 종자기업 키우기'를 방지하기 위해서는 과징금 부과 대상과 산정 방식이 바뀌어야 한다.

터널링 목적의 부당내부거래 방지를 위한 근거 조항 신설과 과징금 및 시정조치 조항의 변경이 필요하다

종잣돈 만들기와 종자기업 키우기를 위한 부당내부거래를 규율하기 위해서는, 먼저 과징금 부과 대상을 지원한 계열사가 아닌 지원받은 계열사와 그 계열사의 주주로 변경해야 한다. 그리고 과징금 산정 방법도 현행과 같이 지원 계열사의 매출액에 비례하는 것이 아니라, 지원받은 계열사의 주가 상승으로 인한 자본 이득과 영업 이윤의 증가를 기준으로 하여야 한다. 이와 관련해 최근 세법 개정이 시사하는 바가 있다. 정부는 작년에 일감 몰아주기 과세 방안으로, 일감을 받은 수혜 기업의 영업 이익 중 일감 몰아주기와 관련된 부분을 수혜 기업의 주주들이 증여받은 것으로 의제하여 과세하기로 했다. 이 세법 개정은 일감 몰아주기의 사실상 수혜자가 수혜 기업의 주주이고, 이들 주주에게 제재를 가하는 것이 필요하다는 인식을 반영했다는 면에서 의미가 있다. 그러나 영업 이익 중 일감 몰아주기와 관련된 부분을 수혜 기업의 주주들이 증여받은 것으로 의제하는 것은 실효성이 없다. 왜냐하면 수혜 기업의 주주들이 누리는 특혜는 영업 이익의 증가보다 주가 상승으로 인한 자본 이득이 훨씬 크고 중요하다. 따라서 종잣돈 만들기와 종자기업 키우기를 위한 부당내부거래를 방지하는 가장 효과적인 정책 방안은 부당이득을 본 기업의 총수 일가가 보유하고 있는 주식을 처분하도록 명령하고 부당지원으로 인한 자본 이득에 증여세를 부과하는 것, 아니면 최소한 동일한 세율을 총수 일가에게 과징금으로 부과하는 것이다. 영업 이윤 증가분은 지원받은 계열사에 과징금으로 부과할 수 있을 것이다.

재벌의 지배권 승계·강화와 관련된 부당지원 행위는 총수 일가의 터널링 행위라고 할 수 있다. 따라서 과징금 제도의 개선과 더불어, 보다 근본적으로 부당지원 행위를 터널링으로 이용하는 사례를 위법하다고 확실하게 말할 수 있는 조항을 공정거래법에 도입할 필요가 있다. 구체적으로 말하자면, 재벌에 대한 규제를 담고 있는 공정거래법 제3장에 터널링을 위한 부당지원 행위를 규율할 수 있는 새로운 조항을 신설할 필요가 있다. 이런 조항의 신설과 총수 일가의 지분 처분 시정조치 및 과징금 제도 개선으로 재벌세습을 위한 부당지원 행위를 근절할 수 있을 것이다.

부당내부거래를 정당화하는 '신하'들의 요설 중 하나는 계열사 간 내부거래는 다른 나라에서도 일어나는 일이며 수직 계열화를 위해 필요하다는 것이다. 이른바 선진국에서 발생하는 내부거래는 수직 계열화에 해당되는 경우가 대부분이다. 그러나 우리나라에서 문제시되고 있는 이른바 일감 몰아주기는 수직 계열화와 무관한 것이 대부분이다. 수직 계열화란 기업 A의 재화 생산에 꼭 필요한 생산 요소를 생산하는 기업 B와 기업 A가 기업 결합을 통해 하나의 기업이 되거나 장기적인 독점 계약을 맺는 것을 말하는데, 거래 비용을 절감해 효율성을 증대시키는 것이 주목적이다. 그런데 이른바 일감 몰아주기를 통한 부당지원 행위가 주요 쟁점으로 떠오른 산업은 SK

C&C를 포함한 SI 산업, 현대글로비스를 포함한 물류 산업, LG애드를 포함한 광고 산업 등이다. 그러나 이들 세 산업이 다른 산업의 생산에 주요 생산 요소가 아니라는 것은 상식적으로도 알 수 있다. 또 지원을 받는 계열사가 하도급을 통해서 납품하는 경우도 있으며 사업 부서에서 분사한 계열사에 물량을 몰아주는 경우도 허다한데, 이런 경우에는 거래 비용 절감 등의 효율성 향상을 위한 내부거래라고 이야기하기 힘들다. 따라서 이들 산업을 이용한 일감 몰아주기는 재벌의 수직 계열화와는 무관한 것들이다.

종잣돈 만들기와 종자기업 키우기 부당내부거래를 규율하고자 하는 위와 같은 공정거래법 개정이 법 기술적으로 어렵다면, 사전적으로 재벌 계열사 간의 내부거래를 규제하는 방안도 고려해 볼 수 있다. 이 경우, 총수 일가의 지분율이 재벌그룹의 평균 수준보다 높은 계열사가 내부거래의 수혜 기업이 되는 것을 불허하고, 위반한 기업에게 과징금을 부과하고 총수 일가가 보유한 주식 초과분을 처분하도록 명령할 수 있는 법률적 근거를 마련하는 방안을 생각해 볼 수 있다. 이런 사전 규제는 수직 계열화와 같은 경제적으로 합리적인 계열사 간 내부거래 자체는 허용하되, 내부거래를 총수 일가를 위한 터널링으로 이용하는 것을 사전적으로 방지하는 효과를 얻을 수 있을 것이다.

3 종자기업 중심의 지배구조 재편을 막을 수 있는 규제가 필요하다

앞 장에서는 불법·편법적 종잣돈 및 종자기업 만들기 방지를 위한 규제 정책들을 살펴보았다. 이 장에서는 종자기업 중심의 지배구조 변경을 통한 지배권 세습을 방지할 수 있는 정부 정책들을 논의해보기로 하자.

종자기업 중심의 지배구조 재편을 막으려면 순환출자를 금지해야 한다

새누리당의 경제민주화실천모임 소속 의원들이 재벌의 신규 순환출자 금지와 기존 순환출자에 대한 의결권 제한을 골자로 하는 '경제민주화 3호 법안'을 발의한다고 2012년 8월 5일 발표하였다. 이보다 앞서 7월 12일에는 민주통합당 김기식 의원 등 15인이 재벌의 신규 순환출자 금지와 3년 유예 기간 이후 기존 순환출자의 해소를 포함하는 공정거래법 일부 개정 법률안을 국회에 접수하였다. 여와 야 모두 순환출자 문제가 재벌개혁의 핵심 요소임을 인지하고 있음을 보여 주는 환영할 만한 일이다. 왜냐하면 재벌의 지배권 승계와 강화는 불법·편법적 방법으로 종잣돈 및 종자기업 만들기와, 종자기업을 중심으로 한 출자 구조의 자의적 변경을 통해 이루어져 왔는데, 이때 종자기업을 중심으로 한 출자 구조의 자의적 변경을 위해서 순환출자가 전형적으로 이용되었기 때문이다.

제2부에서 다룬 삼성그룹의 3세로의 승계 과정에서, 3세들이 종자 회사인 삼성에버랜드의 최대 주주가 된 이후에는 삼성에버랜드를 중심으로 한 신규 순환출자 구조가 만들어졌다. 1998년 삼성에버랜드가 삼성생명의 주식을 인수해 삼성생명의 최대 주주가 되었고, 이 해에 삼성카드와 삼성캐피탈은 중앙일보로부터 삼성에버랜드 지분 17.1%를 매입하였다. 삼성카드와 삼성캐피탈은 2000년에 삼성에버랜드의 유상증자에 참여하여 삼성에버랜드의 지분을 25.6%까지 보유하게 되었다. 삼성전기와 삼성SDI도 각각 삼성에버랜드 신주를 인수하여 4%씩의 지분을 보유했다. 이런 순환출자의 재편 과정을 거쳐, 삼성에버랜드를 중심으로 한 삼성그룹 지배구조의 재편이 완성되었다. SK그룹의 경우도 최태원 회장이 승계한 이후인 2001년에 SK C&C가 (주)SK의 최대 주주가 됨으로써, SK C&C를 중심으로 순환출자 구조를 재편하였다. 2000년 12월과 2001년 1월에 SK C&C는 (주)SK의 주식을 매수해 지분을 8.7%에서 10.8%

로 늘렸고, 다른 한편으로 2001년 1월 SK글로벌은 보유하고 있던 (주)SK의 주식 11.6%를 매도하였다. 이런 식으로 SK C&C가 (주)SK의 최대 주주가 된 것이다.

삼성그룹과 SK그룹의 예에서 알 수 있듯이, 종자기업을 중심으로 한 출자 구조 재편은 종자기업을 기존 순환출자 구조에서 핵심 역할을 하던 계열사(삼성생명과 (주)SK)의 최대 주주가 되게 하고, 종자기업의 총수 일가의 지배권을 강화하는 순환출자를 추가하는 방법으로 진행되었다. 따라서 (신규 순환출자 금지와 기존 순환출자에 대한 의결권 제한 또는 기준 순환출자 해소라는 의미로서) 순환출자 금지는 이런 방식의 지배권 승계를 방지하기 위해서 필요 불가결한 법적 장치이다.

그러나 신규 순환출자의 금지만으로는 종자기업을 이용한 재벌세습에 큰 영향을 미치기 어려울 것이다. 왜냐하면, 삼성그룹과 SK그룹의 사례에서 볼 수 있듯이, 재벌세습을 위한 출자 구조 재편의 핵심은 종자기업을 기존 순환출자 구조에서 핵심 역할을 하던 계열사(삼성생명과 (주)SK)의 최대 주주가 되게 하는 것으로, 이런 새로운 출자 관계는 신규 순환출자를 반드시 필요로 하지는 않는다. 예를 들어, 경제개혁연구소「경제 개혁 리포트」에 따르면, 2010년 말 현재 정몽구 현대차그룹 회장의 현대자동차, 현대모비스, 현대제철 등의 보유지분 가치는 약 6조 7,000억 원에 이른다. 하지만 정의선 현대차그룹 부회장이 최대 주주로 있는 현대글로비스가 현대모비스를 지배하도록 출자 관계를 형성하면, 증여·상속세를 정상적으로 납부하지 않고도 정몽구 회장의 주식을 물려받아 현대차그룹의 지배권을 승계하는 것과 같은 효과를 낳을 수 있다. 이때 '현대자동차－현대 모비스－기아자동차－현대자동차'로 이어지는 기존 순환출자 구조의 변경을 꼭 필요로 하는 것은 아니다. 종자기업이 기존 순환출자 구조에서 핵심 역할을 하던 계열사의 최대 주주가 된 이후, 종자기업의 총수 일가의 지배권을 강화하는 순환출자를 추가하는 것은 종자기업 중심의 출자 구조를 더욱 굳건히 하는 방법이다. 그러나 이런 추가적 순환출자가 재벌세습에 필요 불가결한 것은 아니라는 점이다. 따라서 전형적 재벌세습을 방지하기 위해서는, 기존 순환출자의 해소 내지는 기존 순환출자에 대한 의결권을 제한하는 조치가 추가로 필요하다.

종자기업 중심의 지배구조 재편을 막기 위해 지주회사제도의 개선이 필요하다

그런데 순환출자 금지만으로 종자기업을 통한 편법적 승계를 막기는 어려워 보인다. 순환출자 금지는 재벌들로 하여금 지주회사제도로 전환하도록 유인할 가능성이 높다. 최근 재벌닷컴의 보도에 따르면, 현재 삼성그룹이 순환출자를 없애는 데에만 4조 3,000억 원이 필요하며, 삼성에버랜드를 지주회사로 전환하는 방식을 채택하면 7조 8,000억 원이 필요한 것으로 나타났다. 구체적인 계산 방법을 보지는 못했으나, 지주회사제도로 전환하는 데 필요한 자금은 실제로는 이보다 훨씬 적을 수 있으며, 재벌은 단지 순환출자를 해소하는 것보다는 지주회사제도로 전환하는 것이 훨씬 낫다고 판단할 개연성이 높다. 제2부에서 다룬 SK그룹의 지주회사제도로의 전환이 이런 예측을 가능하게 한다.

SK그룹의 경우, 기존의 ㈜SK 중심의 순환출자 구조에서 종자기업인 SK C&C가 ㈜SK의 최대 주주가 됨으로써, SK C&C를 통해 ㈜SK를 지배하는 방식의 지배권 승계를 2002년에 완성하였다. 그러나 1999년 12월에 재도입된 출총제에 의해, 2002년 4월부터 SK C&C가 보유한 ㈜SK 지분 10.83% 중 9.5%가량에 대한 의결권을 행사하지 못할 상황에 처하게 되었다. SK그룹은 SK C&C가 취득한 ㈜SK의 주식을 최태원 회장에게 매도하여 총수의 그룹 지배권을 유지하려고 하였다. 그러나 최태원 회장 소유의 워커힐 주식과 SK C&C 소유의 ㈜SK 주식을 맞바꾼 거래는 최태원 회장이 배임 혐의로 구속되면서 취소되게 되고, 2003년부터 소버린과 ㈜SK의 경영권 다툼이 시작되었다. 더 이상 기존의 순환출자 구조로는 안정적인 총수의 지배권을 유지하기 어려워진 SK그룹은, 최태원 회장의 그룹 지배권을 강화하기 위해서 2007년 지주회사제도로의 전환을 공식화하였다. 사실 지주회사제도로의 전환이 지배권 승계와 그룹 분리에도 유용하다는 것은 일찍이 LG그룹의 분리 과정을 통해 잘 알려진 것이다. LG그룹은 2000년 7월 지주회사로의 전환을 선언했는데, 〈그림 7-1〉, 〈7-2〉에서 볼 수 있듯이, 2001년 4월 당시 LG그룹은 순환출자 구조가 복잡했다. 그러나 2003년 3월 시작된 지주회사제도로의 전환이 완료된 후인 2005년 4월의 LG그룹은 순환출자를 완전히 해소하였음을 알 수 있다. LG그룹은 지주회사제도로 전환하면서 LS그룹과 GS그룹의 분리도 함께 단행하였던 것이다. LG그룹과 SK그룹의 예에서 볼 수 있듯이, 재벌들이 순환출자를 해소하고 지주회사제도로 전환하는 것은 그다지 어려운 일이 아니다. 다만 삼성그룹의 경우 삼성생명과 삼성전자의 출자 관계 때문에 일반 지주회사가 금융 자회사를 거느릴 수 없다는 제약이 문제가 될 수 있을 것이라고 생각된다.

순환출자 금지로 재벌들이 지주회사제도로 전환하더라도 종자기업을 통한 편법적 승계는 여전히 가능할 수 있다. 왜냐하면 현행 지주회사제도에서는 지주회사가 자회사를 제외한 계열사의 주식을 취득할 수 없으나, 지주회사제도에 소속되지 않은 재벌의 계열사는 지주회사의 주식을 취득할 수 있다는 맹점이 있기 때문이다. 공정거래법은 자산 총액이 1,000억 이상이고 소유하고 있는 계열 회사 주식 가액 합계가 자산 총액의 50% 이상이 되는 회사를 '지주회사'로 지정하고 있다. 지주회사가 주식 소유를 통해 지배하는 계열사는 '자회사'가 되며, 또 자회사가 주식 소유를 통해 지배하는 계열사는 '손자회사', 손자회사가 주식 소유를 통해 지배하는 계열사는 '증손회사'가 된다. 일단 지주회사로 지정되면, '지주회사-자회사-손자회사-증손회사'는 공정거래법의 지주회사제도의 규제를 받게 된다. 물론 자회사, 손자회사, 그리고 증손회사는 지주회사의 주식을 소유할 수 없다. 그러나 지주회사제도에 소속되지 않은 계열사는 지주회

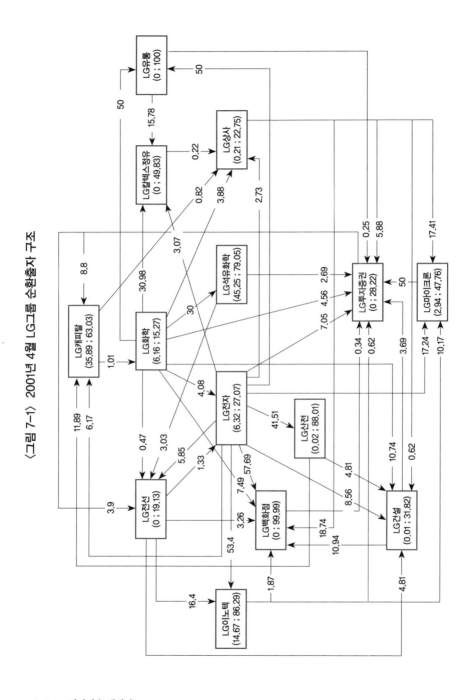

〈그림 7-1〉 2001년 4월 LG그룹 순환출자 구조

LG
(34.89 ; 37.35)

루셈
(0 ; 64.81)

LG스포츠
(0 ; 100)

LG생활건강
(0 ; 30.33)

LG생명과학
(0 ; 30.58)

LG넥시스
(0 ; 100)

LG전자
(0 ; 32.64)

서브원
(0 ; 100)

LGM엠에스
(4.52 ; 70.32)

곤지암레저
(0 ; 100)

LG텔레콤
(0.05 ; 37.56)

LG엠엠에이
(0 ; 50)

실트론
(0 ; 51)

64.81 30 100 30 30 100 32.08 100 65.8 100 37.37 50 39.79 51

LG화학
(0 ; 30.12)

씨텍
(0 ; 50)

LG다우폴리
카보네이트
(0 ; 50)

LG대산유화
(0 ; 50)

50 40 50 50 50

LG석유화학
(0 ; 40.04)

롯데대산유화
(0 ; 50)

LG경영개발원
(0 ; 100)

100

하이프라자
(0 ; 100)

LG마이크론
(0.02 ; 36.14)

LG필립스
(0 ; 44.57)

100 36 69.8 44.57

하이버지니스
로지스틱스
(0 ; 100)

LG이노텍
(7.39 ; 77.19)

브이엔에스
(0 ; 100)

씨에스리더
(0 ; 100)

테카스
(0 ; 100)

인터내셔널
텔레드림
(0 ; 100)

30 100 100 100

데이콤
(0.01 ; 40.16)

0.09

48.8 51 90.47 88.06 45.43

씨아이씨
코리아
(0 ; 48.8)

데이콤크로싱
(0 ; 51)

한국인터넷
데이터센터
(0 ; 90.63)

데이콤멀티
미디어인터넷
(0 ; 90.2)

파워콤
(0 ; 45.43)

사의 주식을 취득할 수 있다. 따라서 지주회사제도 구조를 가지고 있는 재벌도 종자기업을 통해 지주회사를 지배하므로 지배권 세습이 가능하다. 순환출자 구조를 이용한 재벌세습에서 설명한 것처럼, 편법적 지배권 승계의 핵심은 기존 지배구조에서 핵심 역할을 하는 계열사를 종자기업을 통해 지배하는 것인데, 지주회사제도의 경우는 지주회사를 종자기업을 통해 지배하면 될 뿐이다. 실제 이런 가능성은 2007년 이후 지주회사제도로 전환한 SK그룹의 사례에서 볼 수 있다. SK그룹의 경우, (주)SK가 지주회사이나 사실상 SK그룹을 지배하는 종자기업인 SK C&C가 지주회사인 (주)SK를 지배하고 있다(〈그림 3-2〉 참조). 그러므로 현행 지주회사제도에서도 여전히 불법·편법적 수단으로 종잣돈 및 종자기업 만들기와 종자기업을 통해 지주회사와 그룹 전체를 지배하는 방법으로 재벌세습이 이루어질 수 있음을 추론할 수 있다.

따라서 지주회사제도를 이용한 편법적 재벌세습을 방지하기 위해 재벌 계열사의 지주회사 주식 보유를 금지할 필요가 있다. 사실 재벌 계열사의 지주회사 주식 보유가 금지되지 않은 상태에서는 순환출자와 지주회사가 공존하는 출자 구조가 가능하고 또 현실에서도 발생하고 있다. LG그룹의 지주회사 전환 과정에서 지주회사와 순환출자가 공존하였으며, 또 SK그룹의 경우는 지주회사제도로 전환된 이후에도 2010년까지는 지주회사제도에 포획되지 않은 주요 계열사간에 순환출자 구조를 가지고 있었다(〈그림 3-1〉 참조). 또한 삼성그룹의 경우에도 삼성종합화학이라는 지주회사를 거느린 순환출자 구조를 가지고 있다(《그림 1》 참조).

보다 근본적인 해결책은 재벌 단위 또는 기업 집단 단위에서 지주회사제도를 도입하도록 지주회사 지정 제도를 변경하는 것이다. 이러한 지정 기준 변경은 순환출자를 포함한 복잡한 재벌의 출자 구조를 개선하기 위해 지주회사제도를 도입하였다는 정책 취지와 부합된다. 일정한 요건을 만족하면 지주회사를 지정하는 현행 지주회사제도에서는, 특정 회사가 지주회사로 지정되었다가 다시 지주회사가 아닌 것으로 바뀔 수도 있다. 현재와 같이 지주회사제도에 소속된 기업들 외의 계열사들에 대한 특별한 규제가 없는 상황에서는 지주회사에 대한 계열사의 지분 보유 규제가 도입되더라도, 이 규제를 회피하고 종자기업을 통한 편법적 세습을 위해 일정 기간 지배구조의 핵심이 되는 기업의 지주회사 지위를 잃게 할 수도 있을 것이다.

이런 맥락에서, 순환출자에 대한 규제가 지주회사제도의 맹점을 이용하게 만드는 풍선 효과를 낳을 수 있음을 명확히 인지할 필요가 있다. 순환출자의 문제점에 대한 사회적 인식은 상당히 개선되었으나, 지주회사제도의 이러한 맹점에 대해서는 아직까진 인식 정도가 매우 낮은 것 같다. 현 지주회사제도의 맹점을 이용한 편법적 재벌세습을 막기 위해서는 지주회사에 대한 규제 개선이 반드시 필요하다.

금융차명거래 금지는 재벌세습을 불가능하게 하는 마지막 퍼즐이다

이 장에서는 종자기업 중심의 지배구조 재편을 막을 수 있는 구조적 규제에 대해 주로 살펴보았다. 그런데 다음과 같은 질문을 할 수 있을 것 같다. 제2장에서 이야기한 종잣돈과 종자기업 만들기를 방지하는 행위 규제만 잘 집행하면 굳이 종자기업 중심의 지배구조 재편을 막는 구조적 규제가 필요할까 하고 말이다. 그러나 부당내부거래에 대한 규제가 효과적이라고 해도, 종자기업 중심의 지배구조 재편을 막을 수 있는 구조적 규제가 없다면 여전히 편법적 재벌세습은 가능할 수 있다. 예를 들어 순환출자의 경우나 지주회사를 다른 계열사가 지배할 수 있는 경우, 규모가 작은 종자 회사의 지배력을 키우기 위해 기존 지배구조의 핵심 기업과 종자 회사 사이에 몇 단계의 계열사들을 삽입할 수도 있을 것이다.

또 다른 방법은 금융차명거래를 더 많이 사용하는 것이다. 즉, 재벌 총수는 자신이 소유한 지주회사나 핵심 계열사 지분을 차명거래로 다른 이들에게 맡겨서 후계자에게 지배권을 사실상 승계하게 만드는 방법도 있다. 또한 종자기업을 통해 지주회사나 핵심 기업의 지분 취득과 더불어 금융차명거래를 통한 지분 확보로 세습할 수도 있는 것이다. 금융차명거래를 통한 승계는 사실 삼성그룹 이병철 선대 회장이 이건희 회장에게 지배권을 세습할 때 사용한 방법이다. 현재까지 밝혀진 바로는 이건희 회장은 삼성생명 주식을 포함해 약 8조 5,000억 원을 증여세 한 푼 내지 않고 상속받았고, 이런 차명거래로 삼성그룹을 지배할 수 있었다. 2008년 참여연대가 발표한 자료에 따르면 이건희 회장은 공식적으로 237억을 상속받고, 증여세와 상속세를 합해 181억 원만 납부하였다.

나아가 불법·편법적 종잣돈 및 종자기업 만들기에 대한 행위 규제와 종자기업 중심의 지배구조 재편을 막을 수 있는 구조적 규제가 제대로 도입되고 시행되어도, 금융차명거래에 대한 규제 없이는 편법적 재벌세습이 여전히 가능할지도 모른다. 따라서 금융차명거래에 대한 규제가 도입되어야만 재벌 총수들에게 편법적 세습은 불가능하다는 확실한 메시지를 보낼 수 있다.

재벌세습은 차치하더라도 금융차명거래가 합법적으로 허용되고 있다는 것은 몰상식의 극치이다. 금융차명거래는 정치적, 경제적, 사회적 지위가 우월한 사람들이 합법적으로 탈세할 수 있도록 길을 열어 주는 것이다. 또한 뇌물과 불법 자금이 사회에서 편안히 돌아다니도록 하는 제도적 장치이기도 하다. 금융 실명제를 한다면서 금융차명거래를 허용하는 것은 그야말로 '눈 가리고 아웅' 하는 격이다. 금융차명거래는 정의롭고 상식이 통하는 사회와 양립할 수 없다. 혹자는 말한다. 당사자 간의 차명거래를 적발하기 어렵다고. 도둑 잡기 어려우니 도둑질을 합법화하자는 것과 같은 말일 뿐이다. 금융차명거래를 불법화하고, 금융차명거래가 일어나기 힘들도록 처벌 조항을 설계하면 된다. 예를 들어, 돈을 맡아 달라고 부탁받거나 협박받은 사람이 자진 신고를 하면 처벌을 면제해 주고 일정 금액을 보상금으로 주는 방법도 생각해 볼 수 있다. 이때 당연히 금융차명거래를 부탁한 사람에게는 벌금뿐 아니라 형사적 처벌도 고려해 볼 만하다. 또한 일정액 이상의 금융거래나 부동산 거래는 국세청에 통고해 자금 출처를 조사하게 해서 차명거래를 적발할 수도 있을 것이다. 금융차명거래는 단속할 수 없는 문제가 아니다. 단지 단속하지 않고 있는 문제일 뿐이다.

4 경제력 집중 해소를 위한 규제가 필요하다

위에서 논의한 불법·편법적 종잣돈 및 종자기업 만들기에 대한 행위 규제와 종자기업 중심의 지배구조 재편을 막을 수 있는 구조적 규제가 제대로 도입되고 시행되면, 재벌의 경제력 집중도 어느 정도 완화될 것이다. 불법과 편법으로 얼룩진 재벌세습이라는 '벌거벗은 재벌님'을 국민들이 맑은 눈으로 명확히 인식할 때, 재벌에 대한 민주적 통제와 개혁이 가능하다. 그러나 재벌개혁이 궁극적으로 성공하려면, 재벌의 지나친 사회적 영향력의 원천인 경제력 집중 문제를 해소하거나 그러지 못한다면 일정 수준 이하로 완화시킬 수 있어야 한다.

순환출자의 금지는 경제력 집중 문제를 완화시킨다

먼저, 종자기업 중심의 지배구조 재편을 막을 수 있는 규제로 순환출자 금지가 시행되면 재벌의 경제력 집중 문제의 완화에 도움이 될 것이다. 순환출자는 간접적 상호출자임을 이미 이야기했다. 상호출자는 원론적으로 기업 집단의 가공자본을 무한히 만들 수 있게 한다는 점에서 금지되고 있다. 재벌세습 문제를 고려하지 않더라도, 상호출자 금지가 합리적이라면 순환출자를 금지하는 것도 당연하다. 상호출자는 금지하고 순환출자는 허용하는 것은 금융실명제는 실시하면서 금융차명거래를 허용하는 것보다도 더 논리적으로 일관성이 떨어진다. 공정거래법 제1차 개정으로 상호출자 금지가 도입되었을 당시에는 순환출자를 확인할 수 있는 정보가 가용하지 않았다고 한다. 그러나 2001년부터는 재벌 계열사 간의 출자 구조에 대한 정보가 공개되고 있다. 더 이상 기술적인 문제로 순환출자 금지를 시행 못할 이유가 사라진 것이다.

현행 지주회사제도의 출자 단계와 지분율 규제는 강화되어야 한다

한편 경제력 집중 억제라는 관점에서 볼 때도, 현행 지주회사제도의 규제는 너무 안이하다고 판단된다. 이런 판단의 배경은 다음과 같다. 먼저, 지주회사제도로 전환한 재벌들의 계열사 장악력은 높아지면서도, 기존 계열사들은 고스란히 지주회사제도에 편입되거나 재벌 계열사에 존속해 있다는 사실이다. 이미 경제력 집중이 과도함을 나타내는 여러 징후가 있는데, 이는 지주회사 전환이 경제력 집중의 완화에 도움이 되지 않음을 시사한다. 오히려 현행 지주회사제도 하에서 경제력 집중 문제가 더 심각할 수 있음을 시사하는 통계치들도 있다. 예를 들어, 2001년부터 2010년까지 10년 동안, 상호출자 제한 기업 집단 중에서 지주회사를 포함한 기업 집단과 포함하지 않은 기업 집단을 비교해 볼 때, 지주회사를 포함한 기업 집단이 포함하지 않은 기업 집단보다 항상 평균적으로 두 배 이상의 계열사를 거느렸다.

위에서 설명한 것처럼, 지주회사는 1986년 제1차 공정거래법 개정에서 금지되었다. 그러다가 1999년 2월 공정거래법 개정에서 지주회사를 원칙적으로 허용하되 일정한 제한을 부과하는 방향으로 규제가 전환되었다. 이후 지주회사 정책은 지주회사 체제를 기업 집단이 적극적으로 수용하도록 유인하는 방향으로 추진되었는데, 이는 지주회사에게 부과되었던 여러 제한을 지속적으로 완화하는 방향으로 나타났다. 지주회사제도는 전형적인 피라미드형 기업 지배구조를 의미한다. 피라미드형 기업 지배구조는 출자 단계를 늘리는 수직적 확장이나 동일 출자 단계에 속하는 기업 수를 늘리는 수평적 확장을 통해 가공자본을 확대 생산하고 경제력 집중을 심화시킬 수 있다. 따라서 지주회사제도에는 수직적 확장을 규제하는 출자단계 규제와 수평적 확장을 규제하는 최소 지분율 규제가 부과되는 것이다.

그러나 지주회사제도의 보급을 촉진하기 위해서, 특히 2004년 공정거래법 개정 이후, 수직적 확장 규제와 수평적 확장 규제 모두 상당히 완화되었다. 먼저 수직적 확장 규제를 살펴보면, 1999년 지주회사가 허용될 당시에는 '지주회사-자회사-손자회사' 3단계 출자만 허용되었다. 더욱이 손자회사는 원칙적으로는 금지되었으나 사업 요건성이 충족될 때만 허용되었다는 면에서, 원칙적으로 '지주회사-자회사' 2단계 출자만 허용되었다고 볼 수도 있다. 그러나 현행 공정거래법은 '지주회사-자회사-손자회사-증손회사' 4단계 출자를 허용하고 있으며, 손자회사의 사업 요건성도 폐지하였다. 다만 손자회사는 증손회사의 지분 100%를 보유하여야 한다. 수평적 확장 규제도 상당히 완화되었다. 1999년 지주회사가 허용될 당시에는 지주회사가 자회사 발행 주식 총수의 50% 이상을 소유해야 했다. 그러나 현행 공정거래법에서는 자회사가 상장 회사일 때 지주회사가 소유해야 할 최소 지분율은 20%이고, 비상장 회사일 때 최소 지분율은 40%이다. 한편 자회사가 손자회사를 지배할 때도 지주회사의 최소 지분율 규제와 동일하게 손자회사의 지분을 보유해야 한다. 아울러 지주회사의 부채 비율 규제도 부과되는데, 지주회사가 차입 자금을 통해 자회사 수를 확대하는 것을 방지하는 역할을 한다. 이 지주회사 부채 비율 규제도 100%에서 200%로 완화되었다. 지주회사제도를 이용한 경제력 집중을 억제하는 규제들이 이처럼 완화된 것과 2004년 이후 지주회사 수가 급증한 것이나 지주회사제도로 전환한 대규모 기업 집단의 계열사가 평균적으로 두 배 이상 많다는 사실이 무관해 보이지 않는다. 따라서 현행 지주회사제도는 편법적 지배권 승계를 방지하지도, 경제력 집중을 억제하지도 못하는 실정이다.

지주회사제도가 경제력 집중의 억제라는 정책 목적을 달성하기 위해서는 다음과 같은 개선이 필요하다. 우선 지주회사제도의 출자 단계에 대한 규제와 최소 지분율을, 지주회사가 처음 허용될 때인 1999년 수준으로 환원하는 것을 검토해 보아야 한다. 출자 단계의 축소는 경제력 집중의 문제뿐 아니라, 터널링 문제도 완화시킬수 있다. 나아가 손자회사의 사업 요건성 규정도 재도입해 자회사의사업과 직접 관련되지 않은 손자회사의 지배를 제한할 필요가 있다. 사업 요건성 규정은 재벌의 문어발식 확장을 막는 데 도움이 된다. 또한 최소 지분율을 50% 이상으로 환원하는 것도 상식과 부합되는 것이다.

지주회사 지정 제도 개선과 비대칭 규제 문제 해소도 필요하다

한편, 현행 지주회사 지정 제도는 기업 집단이 아닌 기업을 중심으로 한 규제라는 데 근본적인 한계와 문제점을 지니고 있다. 따라서 현행 제도에서는 지주회사 밑에 있는 자회사도 지주회사로 지정될 수 있다. 실제로 〈그림 3-2〉에서 볼 수 있듯이, SK그룹의 지주회사인 (주)SK는 SK E&S를 자회사로 두고 있는데, 이 SK E&S도 역시 지주회사로 지정되어 있다. 또한 특정 재벌은 지주회사제도에 포획된 계열사와 지주회사제도에 포함되지 않은 계열사를 동시에 보유할 수 있는데, 지주회사제도에 포획된 계열사와 지주회사제도에 포함되지 않은 계열사들 사이에 비대칭 규제 문제가 발생한다. 즉, 지주회사제도에 속한 계열사는 지주회사제도에 속하지 않은 계열사에 출자할 수 없으나, 지주회사제도에 포획되지 않은 계열사들은 지주회사뿐 아니라 자회사나 손자회사의 주식을 보유하는 데 아무런 제약을 받지 않는다. 이런 문제를 해결하기 위해서뿐 아니라, 순환출자를 포함한 복잡한 재벌의 출자 구조를 개선하려고 도입한 지주회사제도의 정책 취지에 부합하기 위해서도 재벌 단위 또는 기업 집단 단위에서 지주회사 지정 제도를 도입하도록 규제 변경이 필요하다. 한편 지주회사제도에 포획되지 않은 계열사들이 소유한, 지주회사제도에 속한 계열사들의 주식에 대한 의결권을 제한하고 단계적으로 주식 보유를 금지하는 보완적 입법이 대안의 하나가 될 수 있다.

기업 집단 전체를 지주회사제도로 포획하는 제도적 보완이 이루어져도, 여전히 지주회사제도로 전환하지 않으려는 재벌들이 있을 수 있다. 특히 지주회사제도 규제 강화는 재벌의 지주회사제도 수용도를 낮출 수 있다. 왜냐하면 비록 순환출자가 금지되어도 지주회사제도를 수용하지 않은 재벌은 출자 단계나 계열사에 대한 최소 지분율 규제를 받지 않기 때문이다. 즉, 지주회사제도를 수용한 재벌과 수용하지 않은 재벌 사이에 비대칭 규제 문제가 발생하게 된다는 것이다. 지주회사제도로의 전환을 유인하기 위해서도 이러한 비대칭 규제 문제가 해결되어야 하는데, 기본 원칙은 지주회사제도를 수용하지 않은 기업 집단에 더 강한 출자 규제를 가하는 '채찍'을 드는 것이다. 비대칭 규제 문제를 해결하기 위해서 지주회사제도를 수용하지 않은 기업 집단에 어떤 수준의 출자 규제를 하는 것이 바람직할 것인지는 좀 더 깊은 연구를 필요로 한다. 그러나 궁극적으로 지주회사제도를 수용하지 않은 기업 집단에 대해서는 한 계열사가 다른 계열사에 출자할 때 최소 지분율 조건을 100%로 하는 방향으로 규제를 강화해 가는 것이 필요하다. 이런 경우 재벌은 출자 단계를 늘릴 유인이 없어지게 되고, 당연히 지주회사제도로 전환하는 것이 더 낫다고 판단할 것이다.

경제력 집중을 억제할 수 있는 다른 대안들도 함께 사용되어야 한다

재벌개혁이 궁극적으로 성공하려면, 재벌의 지나친 사회적 영향력의 원천인 경제력 집중의 문제를 해소하거나 일정 수준 이하로 완화시킬 수 있어야 한다. 현재 상황에서 재벌의 경제력 집중이 심각한 수준임은 제3부에서 확인할 수 있었다. 그렇다면 재벌의 경제력 집중을 어느 수준까지 완화해야 하며, 또 그 수준을 어떻게 측정할 수 있을까? 이에 대해서는 단순 명쾌한 답이 있을 수 없다. 왜냐하면 재벌의 경제력 집중은 여러 측면에서 평가되어야 하기 때문이다. 예를 들어, 재벌 총수 일가가 사익 추구를 위해 정치계, 관계, 법조계, 학계에 미치는 영향력을 어떻게 평가할 수 있을 것인가? 이 질문에 선험적으로 대답하는 것은 불가능해 보인다. 그러나 위에서 언급한 지주회사제도 규제 개선과 비대칭 규제 문제 해소를 위한 출자 규제를 통해 실증적으로 재벌의 정치계, 관계, 법조계, 언론계, 학계에 미치는 영향력의 변화를 확인할 수 있을 것이다. 또 이런 확인 과정에서 특정 지수들이 사용될 수 있다. 예를 들어, 10대 재벌들의 영업이윤이나 시가 총액이 GDP에서 차지하는 비중을 지수로 활용해 보는 것이다. 이런 지수들은 재벌이 정치계, 관계, 법조계, 언론계, 학계 등에 제공할 수 있는 당근의 크기를 반영할 것이기 때문이다.

재벌의 경제력 집중은 불법·편법적 재벌세습을 가능하게 한다는 점에서 억제되거나 완화되어야 한다고 지금까지 이야기하였다. 재벌 세습 문제를 해결하기 위해 제시된 행위 규제와 구조적 규제가 시행되면 재벌의 경제력 집중은 상당히 완화될 것으로 기대된다. 그러나 재벌세습 목적 외에도 기업 집단은 경제력을 집중하고자 하는 동기를 가질 수 있으며, 경제력 집중이 재벌세습이라는 문제만 발생시키는 것도 아니다. 기업 집단은 경제력 집중을 통해, 정치적, 경제적, 사회적 영향력을 증가시켜 궁극적으로 도산의 확률을 낮추고, 다른 사업 영역에 쉽게 진입할 수 있다. 이런 우려는 최근 일본의 독점금지법 개정에 반영되어 있다. 제2차 세계 대전 이후 일본에서는 창업자 가문이 대규모 기업 집단을 지배하던 방식의 재벌은 사라졌으나, 기업 집단인 게이레츠가 여전히 존재한다. 일본 정부는 이 게이레츠에 경제력이 집중되는 것을 우려해, '사업 지배력'이라는 개념을 이용해 규제하고 있다.

총수가 없는 대규모 기업 집단이라고 하더라도, 대규모 기업 집단의 도산이 국민 경제에 미칠 파급 효과, 금산분리 완화, 대규모 기업 집단의 자금력을 이용한 개별 시장에서의 불공정 경쟁 등과 같은 문제는 완전히 해소되지 않을 수 있다. 따라서 경제력 집중의 억제라는 측면에서 위와 같은 세 가지 우려를 해소할 수 있는 추가적 정책 대안이 필요하다. 대우그룹 도산에서 볼 수 있듯이, 그룹의 주력 업종의 부실을 그룹 전 계열사의 부실로 이어지게 한 연결 고리 역할을 한 것은 계열사 간의 출자와 부실 사업 부문 떠넘기기였다. 즉, 계열사 간 출자와 불투명한 황제 경영은 한 기업의 도산을 기업 집단 전체의 도산으로 전이시킬 수 있음을 보여 준 것이다. 대규모 기업 집단의 도산은 다시 경제 전반에 높은 비용을 전가하고, 심한 경우에는 경제 위기까지 몰고 올 수 있다. 물론 대규모 기업 집단은 작은 외적 충격을 흡수해 개별 기업의 도산 위험을 줄일 수 있다. 그러나 외적 충격이 일정 수준을 넘어서면 다함께 도산할 위험도 있는 것이다. 즉, 일정 수준 이상의 외적 충격에 한국 경제가 유연성을 상실하게 하는 부작용을 낳는 것이다.

그렇다면 어느 정도의 기업 집단 규모와 범위가 이런 위험을 유발하는 수준일까? 이 질문에 대한 대답 역시 선험적일 수 없다. 그런데 이 위험을 사전에 평가하는 방안이 있다. 2008년 미국발 금융 위기 이후에 입법된 도드-프랭크 법안Dodd–Frank rule에서 제시된 SIFI Systematically Important Financial Institutions에 대한 규제가 좋은 참고가 된다. SIFI란 도산이 경제 전반의 위기를 가져올 수 있을 만큼 중요한 금융 기관들을 의미한다. 따라서 SIFI가 도산 위기에 처하면 정부가 국민의 세금으로 그 기관을 구제할 수밖에 없고, 이런 정부 구제에 대한 예상은 SIFI가 더 방만하게 운영되도록 유인하게 된다. 왜냐하면 SIFI 입장에서는 고위험 사업을 수행하더라도 잘되면 이득을 자기가 다 챙기지만 못되어 도산하더라도 정부의 구제를 기대할 수 있기 때문이다. 따라서 SIFI의 이런 도덕적 해이를 방지하기 위해 사전 규제가 도입될 필요가 있는 것이다. 그런데 SIFI에 대한 사전 규제의 하나로 '질서 정연한 도산 계획 Orderly Resolution Plan'을 제출하도록 하는 게 있다. 우리나라의 대규모 기업 집단은 비록 그 자체가 금융 기관은 아니다. 그러나 대우그룹의 예에서 알 수 있듯이, 대규모 기업 집단은 SIFI와 같은 시스템 리스크를 유발할 수 있다.

다른 한편, 시스템 리스크를 유발할 수 있는 기업 집단의 규모를 판단하기 위해서도 대규모 기업 집단에게 '질서 정연한 도산 계획'을 제출하도록 의무화할 필요가 있다. '질서 정연한 도산 계획'은 대규모 기업 집단 스스로도 자신들의 지배 및 출자 구조가 얼마나 복잡한지 또 얼마나 합리적인지를 돌아보는 기회를 제공하며, 궁극적으로 대규모 기업 집단의 투명성 제고에도 도움이 될 것이다. 한편 우리나라 대규모 기업 집단이 공기업이나 정부 관리 자산이나 기업 인수를 통해 덩치를 키워 온 역사를 고려해 볼 때, 공기업 인수나 정부 자산이나 관리 기업 인수 심사에서도 기업 집단의 '질서 정연한 도산 계획'을 제출받아 기업 인수로 인해 추가로 늘어나는 시스템 리스크를 평가하는 것도 고려해 볼 만하다.

대규모 기업 집단의 시스템 리스크와 관련해 매우 중요한 것은 금산분리 문제이다. 금융 자회사를 이용한 재벌세습 문제는 차치하더라도, 산업 부문에서 거대한 기업 집단의 존재 자체만으로도 시스템 리스크를 우려해야 할 우리 상황에서, 금산분리의 엄격한 적용은 미국이나 유럽 각국보다 훨씬 중요하다. 그럼에도 불구하고 이명박 정부에서의 금융지주회사법과 은행법 개정은 시스템 리스크를 증대시키는 방향으로 가는 역주행이었다. 2009년 금융지주회사법 개정으로, 비은행 금융지주회사는 비금융 회사를 자회사로 둘 수 있게 되었는데, 금융지주회사가 비금융 자회사를 둘 수 없도록 법을 재개정할 필요가 있다. 한편 현행법에는 산업 자본의 은행업에 대한 지분 보유 제한은 있으나, 보험·카드·증권·저축 은행 등 제2금융권의 소유는 허용되고 있다. 금융지주회사법의 개정과 더불어 제조업 계열사의 제2 금융권 소유 문제도 함께 고민할 필요가 있다.

마지막으로, 대규모 기업 집단에 의한 경제력 집중은 기업 집단의 자금력을 이용해 개별 시장에서 자금력이 취약한 기업들을 불공정하게 배제하고 진입 장벽을 쌓게 할 수 있다. 이와 관련해 2009년 부틴 등이 진행한 기업집단 자금력 효과에 대한 연구Boutin, Cestone, Fumagalli, Pica and Serrano-Velarde, 「The Deep-Pocket Effect of Internal Capital Market」 결과를 주목하게 되는데, 이 연구는 대규모 기업 집단의 계열사에 대한 출자가 개별 시장에서 진입 장벽으로 사용될 수 있음을 추론하게 한다. 즉, 대규모 기업 집단의 경제력 집중이 개별 시장에서의 진입 장벽으로 작동해서 근본적으로 경쟁을 제한하는 요소가 될 수 있음을 시사하는 것으로, 왜 우리나라에서 특히 진입 장벽이 문제가 되는지와 이른바 중소기업들이 주로 사업을 영위하던 업종으로 재벌 계열사들이 진입함으로써 기존 중소기업들이 퇴출하게 되는 현상을 설명할 수 있다. 그러나 현행 공정거래법은 대규모 기업 집단의 자금력으로 인한 개별 시장에서의 불공정 경쟁 문제를 규율하지는 않는다. 따라서 한국 사례에 대한 보다 엄밀한 연구를 전제로, 대규모 기업 집단의 자금력에 의한 불공정 거래 행위에 대한 규제를 공정거래법에 도입할 필요가 있으며, 또 같은 맥락에서 혼합형 기업 결합 심사에서도 대규모 기업 집단의 지위로 인한 경쟁 제한성을 추정하는 근거를 마련할 필요가 있다.

5 정책 집행을 위한 이행기적 조치가 필요하다

재벌개혁은 굳건한 원칙 위에서 부작용을 최소화하는 이행기적 조치를 통해 정책 집행 비용을 최소화함으로써 달성될 수 있다. 지금까지는 주로 '불법·편법적 종잣돈 및 종자기업 만들기와 이런 종자기업 중심의 지배구조 변경을 통해 지배권을 승계하는 것은 불가능하고 또 사회적으로 절대 용납될 수 없다'는 원칙과, 경제력 집중을 억제하기 위해 필요한 재벌개혁 수단에 대해 논의하였다.

그런데 재벌의 가공자본을 이용한 버블 경영을 최소화하고 동시에 불법·편법적 재벌세습을 방지하자는 재벌개혁의 원칙과 방향을 지키면서도, 정책 집행의 부작용을 최소화하기 위한 이행기적 조치들이 필요할 수 있다. 이런 이행기적 조치들은, 재벌개혁을 통해 현 재벌 총수의 그룹 지배권을 박탈하거나 위태롭게 하는 것이 재벌개혁의 성공적인 안착을 위해서도 바람직한 것은 아니라는 인식 하에서, 다만 이제부터는 재벌세습이 불가능하게 법과 제도를 정립하고, 재벌들이 스스로 선택하여 핵심 계열사를 중심으로 사업 영역을 집중하도록 유도하는 방향으로 경제력 집중 억제가 이루어지게 하자는 것이다.

재벌개혁을 위해서, 정부는 부당내부거래 방지, 기업 집단 단위의 지주회사제도 정비, 비지주회사제도 재벌들에 대한 규제 강화, 금산 분리 강화 등을 입법화하여야 한다. 그런데 이런 입법화 내용에, 재벌들이 기업 집단 단위의 지주회사제도로 이행할지 여부를 일정 기간 내에 (예를 들어, 3개월 내에) 선택하도록 하고, 기업 집단 단위의 지주회사제도를 선택한 재벌과 그렇지 않은 재벌을 분리해 재벌 규제 정책을 단계적으로 실시하는 이행기적 조치도 포함되어야 한다. 일단 지주회사제도로 전환하기로 결정한 재벌에 대해서는 현행 지주회사제도에서처럼 요건을 완비할 유예 기간을 2년 (또는 3년) 정도 부여할 수 있을 것이다.

비지주회사제도를 선택한 재벌에게는 신규 순환출자 금지와 기존 순환출자 고리에 대한 의결권 제한 및 단계적 해소를 즉각 명령하는 것이 필요하다. 또한 지주회사제도 재벌과의 비대칭 규제 문제를 해소하기 위해, 출총제와 유사한 계열사에 대한 출자 비율 규제를 시행할 필요가 있다. 만약 부당내부거래가 재벌그룹의 지배권과 밀접하게 관련되어 있고 부당내부거래 해소를 자진 신고하는 경우라면, 기업 집단 단위의 지주회사제도로 전환을 신청한 재벌들에게는 지주회사제도로 이행을 완료하는 시점까지 부당내부거래도 해소하도록 할 수 있다. 유예 기간 동안 기업 집단 단위의 지주회사제도로 전환하는 재벌에게는 출자 구조 개선을 위한 계열사 간 주식 거래에 대해 감세 혜택을 제공할 수 있다.

한편 금융지주회사가 비금융 자회사를 둘 수 없고 동시에 비금융 일반 지주회사는 금융 자회사를 둘 수 없다는 원칙을 기업 집단 단위의 지주회사제도에 적용하는 것이 금산분리의 원칙을 세우는 기초가 될 것이다. 특정 재벌이 기업 집단 단위의 지주회사제도로 변경을 신고할 때, 이런 금산분리 원칙을 준수하는 것 역시 기업 집단 단위 지주회사제도의 요건의 하나가 되어야 하고, 따라서 이 요건 충족도 유예 기간 내에 이루어져야 한다. 비지주회사제도를 선택한 재벌들에게는 금융 의결권 제한을 현행 15%에서 2년 내 금융 의결권 금지로 전환하고, 현 금산법 제24조의 예외 없는 적용을 위한 부칙의 개정이 필요하다.

이런 이행기적 조치의 기본 목적은 재벌의 출자 구조를 기업 집단 단위의 지주회사제도로 유인하면서, 이런 지주회사제도로의 전환이 유예 기간 내에 이루어지도록 하자는 것이다. 따라서 기업 집단 단위의 지주회사제도를 채택하지 않은 재벌에게는 채찍을 가하는 유인책이 필요하다. 동시에 기업 집단 단위의 지주회사제도로의 전환과 부당내부거래에 대한 규제가 현 총수의 그룹 지배권에 급격한 변동을 초래하지 않도록 하자는 목적도 있다. 이런 조치들과 함께, 금융차명거래의 불법화와 처벌을 규정하고 시행하는 법안과 경제력 집중 억제를 위한 다른 방안들도 함께 입법화되어야만 진정한 재벌개

혁이 이루어질 수 있는데, 차명거래와 경제력 집중 억제 방안은 일
정한 개도 기간을 거쳐 지주회사제도 채택 여부와 상관없이 시행할
수 있을 것이다.

재벌개혁을 위한 정책 수단

정책 목적	정책 수단
불법·편법적 종잣돈과 종자기업 만들기에 대한 규제	① 터널링 목적의 부당내부거래를 처벌할 수 있는 근거 조항 신설, ② 과징금 부과의 대상을 지원 계열사가 아닌 지원받은 계열사와 주주들로 변경, ③ 지원받은 계열사의 주가 상승으로 인한 자본 이득과 영업 이윤의 증가를 기준으로 과징금을 산정하고, 총수 일가가 보유하고 있는 주식을 처분하도록 명령, ④ 이런 법 개정이 법 기술적으로 어렵다면, 사전적으로 재벌 계열사 간의 내부거래를 규제하는 방안으로, 총수 일가의 지분율이 재벌그룹의 평균 수준보다 높은 계열사가 내부거래의 수혜 기업이 되는 것을 불허하고, 위반 기업에게는 과징금 부과와 총수 일가가 보유하고 있는 주식 초과분을 처분하도록 명령할 수 있는 법률적 근거를 마련해야 함.
종자기업 중심의 지배구조 재편 방지를 위한 규제	① 순환출자 금지, ② 지주회사 규제 개선 : 기업 집단 단위에서 지주회사제도를 도입하도록 지주회사 지정 제도를 변경.
재벌세습 루프홀 방지	금융차명거래 불법화와 처벌 규정 도입.
경제력 집중 해소를 위한 규제	① 지주회사제도 규제 개선 : 출자 단계에 대한 규제와 최소 지분율을 단계적으로 지주회사가 처음 허용될 때인 1999년 수준으로 환원하고 손자회사의 사업 요건성 규정도 재도입, ② 비지주회사제도 재벌에 대한 출자 규제 도입, ③ 경제력 집중 억제에 특화된 대안들 : 금산분리 강화, 대규모 기업 집단에게 '질서 정연한 도산 계획'을 제출하도록 의무화, 대규모 기업 집단의 자금력을 이용한 불공정 경쟁에 대한 규제 도입.
정책 집행을 위한 이행기적 조치	재벌들이 기업 집단 단위의 지주회사제도로 이행할지 여부를 일정 기간 내에 선택하도록 하고, 기업 집단 단위의 지주회사제도를 선택한 재벌들과 그렇지 않은 재벌들을 분리해 재벌 규제 정책을 단계적으로 실시하는 이행기적 조치가 필요함. 이행기적 조치의 기본 목적은 재벌의 출자 구조를 기업 집단 단위의 지주회사제도로 유인하면서, 동시에 이런 전환과 부당내부거래에 대한 규제가 총수 일가의 그룹 지배권에 급격한 변동을 초래하지 않도록 하자는 것임.

part 05

재벌개혁
무엇을 어떻게
바꿀 것인가?

재벌세습과 경제력 집중이라는 재벌문제는 마치 '벌거벗은 임금님' 처럼 너무나 명백한 것이다. 그러나 '벌거벗은 임금님'을 벌거벗었다고 이야기하지 못 하는 신하와 백성들처럼, 재벌문제의 핵심이 무엇인지 명확히 이야기하지 못 하는 것이 우리의 현실이기도 하다. 이 책은 '벌거벗은 재벌님'이 벌거벗었다고 외치는 '아이'와 같다. 재벌문제의 본질을 명확히 본다면, 무엇을 어떻게 바꿔야할 지도 알게 된다. 재벌 개혁은 할 수 있고 또 해야만 하는 일이다.

이제 글을 마무리하려 한다. 재벌문제가 무엇이며, 재벌개혁이 왜 필요하며, 재벌개혁을 어떻게 할 것인가에 대한 지금까지의 논의를 요약하고, 논의된 재벌개혁이 실행된다면 무엇이 어떻게 바뀔지 같이 생각해 보자. 재벌개혁 없이는 지속적 경제성장도, 경제민주화도, 정치민주주의도 기대하기 힘들다는 사실을 다시 한 번 강조하고 싶다. 재벌개혁은 시대정신을 실현하기 위해 우리가 짊어지고 가야 할 역사적 과제임을 되새기자.

1 재벌개혁 논의의 요약

재벌 문제가 무엇인지는, 맑은 눈으로 보기만 하면 마치 '벌거벗은 임금님'처럼 명확히 알 수 있다. 제2부에서는 국내 3대 재벌의 사례를 통해 재벌 문제를 똑똑히 볼 수 있었다. 재벌 문제는 재벌세습과 경제력 집중의 문제이다. 재벌에 의한 경제력 집중은 총수 일가의 불법·편법적 지배권 승계를 사회적으로 용인하게 만들고, 재벌세습은 재벌에 의한 경제력 집중 문제를 심화시키고 있다. 재벌세습과 경제력 집중은 이처럼 악순환의 고리를 형성하고 있는 것이다.

재벌세습은 상식적·정상적·합법적 수단과 절차를 통해 경영권을 이어받지 않은 재벌 총수 일가의 지배권 승계를 가리키는 말이다. 재벌세습은 불법·편법적 종잣돈 및 종자기업 만들기와 종자기업 중심의 지배구조 재편을 통해 이루어지고 있다. 왜냐하면 정상적이고 합법적으로 세금을 내고 재벌의 경영권을 세습하는 것은 사실상 불가능하기 때문이다. 불과 61억 원 정도를 증여받은 삼성그룹 이재용 사장은 불법·편법적 종잣돈과 종자기업 만들기를 통해 1996년 삼성 에버랜드의 최대 주주가 되었는데, 2010년 말 현재 그가 보유한 삼성에버랜드의 주식 가치만 약 1조 845억 원에 이른다. 2001년에 불과 15억 원으로 현대글로비스의 지분 60% 정도를 취득한 현대차그룹 정의선 부회장은, 지분율이 이후 32%로 하락했음에도 불구하고 여전히 현대글로비스의 최대 주주이며, 2010년 말 현재 그가 보유한 현대글로비스의 주식 가치만 약 1조 7,812억 원에 이른다. 불과 2억 8,000만 원에 SK C&C 주식 70%를 ㈜SK로부터 1994년에 매입한 SK그룹의 최태원 회장은 현재 SK C&C 지분 44.5%를 보유한 최대 주주이며, 2010년 말 현재 그가 보유한 SK C&C의 주식 가치는 약 1조 9,402억 정도이다.

재벌 총수 일가의 종잣돈과 종자기업 만들기는 이처럼 정상인의 상식으로는 이해할 수 없는 결과를 낳았다. 그러나 상식을 뛰어넘는 경이로운 결과는 '마술'이었으며, 그 마술은 배임, 횡령, 회사 기회 유용, 부당지원 등과 같은 불법과 편법이 동원되었기에 가능한 '반칙'이었다. 또 그런 반칙이 허용되도록 만든 게 바로 재벌의 경제력 집중이었다. 제2부와 제3부에서는 재벌의 경제력 집중 문제를 살펴보았다. 합리적인 정상인의 상식에 부합되지 않는 법원의 판결을 삼성에버랜드 전환사채와 삼성SDS 신주인수권부사채 발행 사건에서 볼 수 있었다. 이런 판결을 내린 법관들은 승승장구하고 삼성 특검의 아들은 삼성전자에 특채되는 요지경이 우리 현실이었다. 삼성그룹을 위한 금산법의 부칙 개정도 있었으며, 대법원 판례의 변경도 있었다. 재정이 취약한 신문들은 재벌 눈치 보기에 급급한 것 또한 사실이었다. 눈치 보기 정도가 아니라 아예 재벌에 관한 보도는 사전에 승인을 받는다는 이야기도 들린다. 재벌이 우리 사회 법조계, 정치계, 관계, 언론계, 학계에 미치는 거의 절대적 영향력을 알 수 있었다.

종잣돈과 종자기업 만들기는 재벌세습이라는 마술의 제1막일 뿐이다. 더 웅대한 마술은 종자기업을 중심으로 한 재벌 지배구조의 재편에서 펼쳐진다. 종자기업 중심의 재벌구조 재편은 종자기업을 통해 기존 지배구조의 핵심 계열사를 지배하는 과정이다. 순환출자 구조는 이런 종자기업 중심의 지배구조 재편에 가장 편리한 수단이었다. 삼성그룹의 3세 승계 과정이 이와 관련된 가장 전형적인 사례이다. 이재용 사장이 최대 주주가 된 삼성에버랜드는 삼성생명 주식을 저가에 매수함으로써 단번에 삼성생명의 최대 주주가 되었다. SK그룹의 최태원 회장으로의 승계도 유사했다. 승계에서의 종자기업인 SK C&C가 (주)SK의 지분을 매수하고 SK글로벌이 보유한 (주)SK의 지분은 매도함으로써, SK C&C가 (주)SK의 최대 주주로 등극하였다. 삼성에버랜드와 SK C&C가 기존 지배구조의 핵심 계열사인 삼성생명과 (주)SK의 최대 주주가 된 이후에는 삼성에버랜드와 SK C&C에 대한 재벌 총수 일가의 지배를 공고히 하는 새로운 순환출자가 추가되었다. 그러나 순환출자가 금지되더라도, 지주회사제도에 속하지 않은 재벌 계열사가 지주회사의 주식을 보유할 수 있는 현행 지주회사제도의 맹점 때문에, 여전히 종자기업과 현행 지주회사제도를 이용해 재벌세습이 가능할 수 있음을 SK그룹의 지주회사 전환 사례를 통해 알 수 있었다.

순환출자나 지주회사제도를 이용함으로써, 조그마한 종잣돈으로 작은 종자기업을 인수하고 부당지원 행위로 키운 종자기업을 통해 재벌 전체의 지배권을 물려받는 '마술'을 완성시킨 것이다. 삼성그룹 이재용 사장은 이런 '마술'을 통해, 증여받은 61억 원에서 출발해 2010년 4월 기준으로 약 192조 8,000억 원의 자산을 가진 삼성그룹의 지배권을 이어받을 준비를 갖췄다. 현대차그룹 정의선 부회장은 15억 원을 출자한 현대글로비스를 이용해 2010년 4월 현재 자산 총액 약 100조 7,000억 원의 현대차그룹의 지배권을 승계할 준비를 마쳤다. SK그룹 최태원 회장은 불과 2억 8,000만 원의 종잣돈으로 분식 회계, 배임, 횡령, 일감 몰아주기, 순환출자, 지주회사제도 전환 등으로, SK C&C를 통해 2010년 4월 현재 자산 총액 약 87조 5,000억 원의 SK그룹을 지배하고 있다.

재벌세습과 재벌의 경제력 집중이라는 '벌거벗은 재벌님'이 이와 같이 명백하게 우리 눈앞에 있는데도, 다수의 국민이 재벌 문제를 아직도 명확히 인지하지 못하고 있는 것이 사실이다. '벌거벗은 재벌님'을 보고도 벌거벗지 않았다고 말하는 '신하'들의 요설, 진실에서 눈을 돌리게 만드는 막연한 공포 조장 등이 우리 사회에 체계적으로 뿌리 깊게 자리 잡고 있기 때문이다. 이런 요설들은 재벌 문제의 핵심을 다른 곳으로 돌리고 재벌개혁의 논점을 흩뜨린다. 가장 대표적인 요설은 재벌 문제를 재벌 문제가 아닌 것으로 둔갑시키는 것이다. 재벌 문제를 대기업의 문제로 둔갑시킴으로써 재벌세습의 문제로부터 눈을 가리고 경제력 집중의 문제를 대기업의 장단점에 관한 문제로 바꿔 버린다. 그 외에도 재벌 문제를 중소기업과 대기업 문제나 가족 기업 문제로 단순화시키고, 재벌개혁 주장은 반기업적 정서를 조장한다든지 재벌개혁을 주장하는 자들은 좌파라는 식으로 국민들을 현혹한다. 나아가 재벌 문제는 우리나라만의 문제가 아니라고 오도하기도 하고, 우리나라의 경제력 집중 정도는 심각하지 않다고 주장하기도 한다. 이런 여러 요설과 막연한 공포 조장 중에서 '신하'들이 가장 애용했던 주장이 재벌개혁, 특히 출자에 대한 규제는 기업 투자를 저해한다는 주장이었다. 제1부에서 자세히 살펴보았듯이, 출자와 투자는 별개의 개념일 뿐 아니라 실증적 증거들은 대부분의 출자가 재벌 총수의 지배권 유지, 강화, 승계와 관련되어 있음을 시사하고 있다.

재벌 문제가 무엇이고 재벌 문제를 제대로 보지 못하게 하는 '신하'들의 요설이 무엇인지 분명히 인지할 때, 우리는 비로소 우리 시대의 당면과제인 재벌개혁과 만나게 된다. 그러나 우화에서처럼 '임금님이 벌거벗었다'고 외치는 것으로 재벌 문제가 다 해결되지는 않는다. 이것이 '벌거벗은 임금님 이야기'와 '벌거벗은 재벌님 현실'의 차이다. 물론 아이의 맑은 눈으로 '벌거벗은 재벌님'을 바라보고 외쳐야만 재벌개혁이 시작될 수 있다. 국민들이 문제의 핵심을 정확히 인지할 때에만 재벌에 대한 민주적 통제가 가능하기 때문이다. 내가

이 책을 쓰기로 결심한 것도 바로 이런 믿음에서이다. 그러나 재벌개혁은 의지만으로 성공할 수 없다. 물론 의지가 없이는 더더욱 성공할 수 없다. 재벌개혁이라는 복잡다단한 문제를 어떻게 해결할 것인지에 대해서는 제4부에서 상세히 살펴보았다.

재벌개혁이 성공하려면 '불법·편법적 종잣돈 및 종자기업 만들기와 종자기업을 중심으로 한 출자 구조의 재편을 통한 지배권 승계는 더 이상 불가능하며 사회적으로 용인되지도 않는다'는 메시지를 재벌 총수 일가에게 '분명히' 전달할 수 있어야 한다. 이런 메시지의 전달은 정치적 수사로도, 어정쩡한 정책으로도 전달될 수 없다. 재벌에 의한 경제력 집중이 사회적 이슈가 되면서 1986년에 재벌 정책이 공정거래법에 처음으로 도입되었다. 그러나 지금까지의 재벌 정책은 재벌 문제를 해결하지 못했다. 지금까지의 재벌 정책은 재벌 문제의 핵심을 의도적이든 아니든 외면하는 것이었기 때문이다. 재벌이 은행 차입으로 출자 규제를 우회하기가 어려워진 외환위기 이후에는 출자총액제한제도가 온갖 예외 조항, 적용 제외, 졸업 기준 등으로 유명무실해지기 시작했다. 재벌의 소유 지배구조 개선을 주 목적으로 내건 시장 개혁 3개년 계획에서는 황제 경영 아래서 형식적으로 운영될 수 있는 내부 통제 시스템 구축에 대한 보상으로 출총제의 적용이 면제가 되었고, 지주회사제도로의 전환을 유인한다는 구실로 지주회사제도의 규율도 형해화되기 시작했다.

실효성 있는 재벌개혁은 불법·편법적 종잣돈 및 종자기업 만들기를 근절하고, 종자기업을 통해 재벌의 지배권을 승계하는 것을 불가능하게 만드는 행위 규제와 구조적 규제를 지속적으로 시행해야만 달성될 수 있다. 불법·편법적 종잣돈 및 종자기업 만들기 근절의 핵심은 내부거래를 통한 총수 일가의 터널링을 방지하는 데 있다. 삼성에버랜드가 삼성생명의 지분을 저가에 매입한 것이나, 현대글로비스와 SK C&C가 계열사들의 일감 몰아주기로 급성장한 것 모두 총수 일가의 지배권 승계와 강화를 위한 터널링이었다. 총수 일가의 터널링 방지를 위해서는 공정거래법의 개정이 필요하다. 이를 위해 터널링 목적의 내부거래를 규제할 조항이 공정거래법에 신설될 필요가 있다. 그러나 더 중요한 것은 터널링 목적의 내부거래로 부당이득을 본 재벌 총수 일가의 수혜 기업 주식을 처분하도록 명령하고, 부당지원으로 얻은 자본 이득에 대해 증여세와 최소한 그와 동일한 세율을 과징금으로 부과하도록 처벌 조항을 추가해야 실효적 규제가 이루어진다는 점이다. 만약 이런 처벌이 법 기술적으로 불가능하다면, 사전적으로 재벌 계열사 간의 내부거래를 규제하는 방안도 고려해 볼 수 있다. 이 경우 총수 일가의 지분율이 재벌그룹의 평균 수준보다 높은 계열사가 내부거래의 수혜 기업이 되는 것을 불허하는 방안을 생각해 볼 수 있다. 이런 사전 규제는 수직 계열화와 같은 경제적으로 합리적인 계열사 간 내부거래 자체는 허용하되, 이 내부거래를 총수 일가를 위한 터널링으로 이용하는 것을 사전적으로 방지하는 효과를 낼 수 있을 것이다.

　종자기업을 통한 재벌의 지배권 승계를 방지하기 위해서는 순환출자의 금지가 필요하다. 순환출자 금지의 중요성을 여야 정치권에서도 최근 인지하기 시작했음은 바람직한 소식이다. 그러나 순환출자 금지는 지주회사제도의 맹점을 이용하게 하는 풍선 효과를 낳을 수 있다. 현행 지주회사제도의 수많은 루프홀loophole*들을 메우지 못한다면, 종자기업을 통한 재벌의 지배권 승계도 결국 방지하기 어렵다. 현행 지주회사제도의 기본적인 문제는 지주회사 지정 제도에 있다. 현행 지주회사제도는 특정 지주회사만을 대상으로 하는 규제이기 때문에, 특정 재벌은 지주회사제도에 포획된 계열사와 지주회사제도에 포함되지 않은 계열사를 동시에 보유할 수 있는 것이다. 따라서 지주회사제도에 소속되지 않은 계열사는 지주회사 주식을 취득할 수 있으며, 지주회사제도에 속하지 않은 종자기업을 통해 지주회사를 지배함으로써 재벌세습이 가능하다. 2007년 이후 지주회사제도로 전환한 SK그룹의 사례에서 볼 수 있었듯이, 편법적 지배권 승계의 핵심은 종자기업을 통해 기존 지배구조에서 핵심 역할을 한 계열사를 지배하는 것인데, 지주회사제도의 경우에는 종자기업이 지주회사를 지배하도록 출자 구조를 변경하면 될 뿐이다. 따라서 계열사들의 지주회사 주식 취득을 금지하는 규정이 추가되어야만 이런 맹점을 막을 수 있다. 보다 근본적으로는, 순환출자를 포함한 복잡한 재벌의 출자 구조를 개선하기 위해 지주회사제도를 도입하였다는 정책 취지와 부합되기 위해서도 재벌 단위 또는 기업 집단 단위로 지주회사 지정 제도를 도입할 필요가 있다.

---

* 법률이나 계약서 따위에 존재하는 빠져나갈 구멍이나 허술한 부분을 말한다.

재벌세습을 방지하기 위한 정책의 종착역은 금융차명거래를 불법화하고 차명거래의 유인을 제거하는 처벌을 도입하는 것이다. 삼성그룹 이병철 선대 회장이 이건희 회장에게 지배권을 세습했을 때처럼, 재벌 총수는 자신이 소유하고 있는 지주회사 지분을 차명거래를 통해 다른 이들에게 맡겨서 사실상 후세대에게 지배권을 승계하는 방법을 사용할 수 있다. 따라서 금융차명거래에 대한 규제를 도입해야만 재벌 총수에게 편법적 세습이 불가능하다는 확실한 메시지를 보낼 수 있다. 재벌세습은 차치하더라도 금융차명거래를 합법적으로 허용하고 있다는 것은 몰상식의 극치이다. 금융차명거래는 정치적, 경제적, 사회적 지위가 우월한 사람들이 탈세를 합법적으로 할 수 있는 길을 열어 주는 것이며, 뇌물과 불법 자금이 사회에서 편안히 돌아다니도록 보장하는 제도적 장치이기도 하다. 금융차명거래는 정의롭고 상식이 통하는 사회와 양립할 수 없는 편법인 것이다.

　　재벌개혁이 궁극적으로 성공하려면 재벌의 지나친 사회적 영향력의 원천인 경제력 집중 문제를 해소하거나 일정 수준 이하로 완화시킬 수 있어야 한다. 재벌세습을 방지하기 위한 재벌 정책은 재벌의 경제력 집중도 어느 정도 완화시킬 것이다. 예를 들어, 순환출자 금지는 종자기업을 통한 그룹 지배권의 편법적 승계를 저지하는 역할뿐 아니라, 가공자본을 통해 사업 영역의 확산을 막는 데도 긍정적 역할을 하게 될 것이다. 그러나 이런 경제력 집중의 완화가 재벌의 지나친 사회적 영향력의 원천인 경제력 집중 문제를 해소할 정도에 이를 수 있을지 또 그 정도가 안 된다면 어떤 정책 수단들이 추가로 필요할지 역시 중요하게 다루어져야 할 문제이다. 이런 맥락에서 볼 때, 현행 지주회사제도의 문제점은 더 심각하다. 지주회사제도는 1999년 2월 공정거래법 개정에서 허용되었는데, 이후 지주회사제도에서의 경제력 집중 억제를 위한 출자 단계와 최소 지분율 규제들이 지속적으로 완화되었다. 또 지주회사제도를 채택하고 있는 대규모 기업 집단의 사업 영역 확장이 더 심각해졌음을 보여 주는 통계들도 있다. 따라서 지주회사제도의 경제력 집중 억제 규제를 도입 초기 수준으로 환원하는 정책을 고려할 필요가 있다. 지주회사제도로의 전환을 유인하기 위해 경제력 집중을 장려하는 당근을 쓰는 우를 더 이상 범하지 말고, 지주회사제도에 속하지 않은 대규모 기업 집단의 계열사가 다른 계열사에 출자할 때 최소 지분율 조건을 강화하는 정책을 도입해야 한다. 이 '채찍' 정책은 경제력 집중도 억제하면서 지주회사제도로의 전환도 유인할 수 있다는 면에서 더 효과적이다.

이 외에도 경제력 집중의 정도를 측정하고 방지하는 정책 수단으로 대규모 기업 집단에게 '질서 정연한 도산 계획'을 제출할 의무를 부여하고, 공기업 인수나 정부 자산 또는 관리 기업 인수 심사에서도 대규모 기업 집단의 가공자본 비율과 기업 인수가 시스템 리스크를 유발할 개연성에 대한 평가가 필요하다. 특히 대규모 기업 집단이 경제에서 차지하는 비중이 높은 우리나라의 경우 금산분리의 원칙이 더 엄격히 지켜져야 하는데, 오히려 금산분리 원칙을 완화시킨 이명박 정부에서의 역주행을 바로잡는 정책 개선이 필요하다. 마지막으로, 대규모 기업 집단이 기업 집단의 자금력을 이용해 개별 시장에서 자금력이 취약한 기업들을 불공정하게 배제하고 진입 장벽을 쌓는 불공정 행위를 규제할 수 있는 공정거래법의 개정도 고려되어야 하며, 이런 기업 집단의 자금력을 이용한 불공정 행위 가능성은 이른바 혼합형 기업 결합 심사 지침에도 반영될 필요가 있다.

재벌개혁은 굳건한 원칙 위에 부작용을 최소화하는 이행기적 조치를 통해 정책 집행 비용을 최소화함으로써 달성될 수 있다. 구체적으로, 재벌들이 기업 집단 단위의 지주회사제도로 이행할지 여부를 일정 기간 내에 선택하도록 하고, 기업 집단 단위의 지주회사제도를 선택한 재벌과 그렇지 않은 재벌을 분리해 재벌 규제 정책을 단계적으로 실시하는 이행기적 조치를 시행함으로써, 재벌의 출자 구조를 기업 집단 단위의 지주회사제도로 유인하는 동시에 이런 전환과 부당내부거래에 대한 규제가 총수 일가의 그룹 지배권에 급격한 변동을 초래하지 않도록 하자는 것이다. 그러면 이런 재벌개혁이 실제로 시행된다면, 무엇이 어떻게 바뀌게 될 것인가?

2 재벌개혁
무엇을 어떻게
바꿀 것인가?

재벌세습과 경제력 집중은 재벌 총수 일가의 사익 추구 행위의 결과다. 누구나 자신의 사회적·정치적 영향력을 강화하고, 부와 권력을 세습하고 싶은 욕구를 가지고 있다. 그러나 이러한 욕구가 항상 사회적으로 바람직한 결과를 가져오는 건 아니다. 모든 인간의 이기심과 사익 추구를 도덕적 교화나 중앙 집권적 통제 장치로 제어할 수 없음은 인류 역사가 증명하고 있다. 시장경제체제는 따라서 사회적으로 바람직한 유인 체계를 제공하는 법과 제도를 통해, 사회 이익과 부합되지 않는 사익 추구 행위를 철저히 막고 이익 추구라는 에너지의 발산이 사회에 긍정적인 결과를 가져올 수 있도록 만들자는 것이다.

　시장경제체제의 틀 안에서, 사회 이익과 부합되지 않는 사익 추구 행위를 철저히 막는 정부 정책의 근간이 바로 전통적인 공정 거래 정책이다. 전통적인 공정 거래 정책은 기업이 가격과 품질이라는 메리트만을 통해 이윤이라는 사익 추구를 하도록 허용하는 정책이며, 메리트가 아닌 시장 지배적 지위의 남용이나 담합, 불공정 거래 행위 등을 통한 이윤 추구는 사회 이익과 부합되지 않으므로 철저히 규제하는 공공 정책이다. 그러나 재벌세습과 경제력 집중은 전통적 공정 거래 정책에서는 다루어지지 않은 보다 근본적인 문제를 야기한다. 재벌세습과 경제력 집중은 시장경제체제 틀 안에서의 불공정 경쟁 문제가 아니라, 사유재산권, 법치주의, 주식회사 제도와 같은 현대 시장경제체제의 근간이 되는 법과 제도를 부정하고 무력화하는 보다 근본적인 문제를 야기하는 것이다. 따라서 재벌 문제를 개별 시장에서 불공정 거래나 시장 지배적 지위 남용 문제로 다룰 수 있다는 주장은 공정 거래 정책도, 시장경제체제도 제대로 이해하지 못한 무지에서 비롯되는 것이다. 재벌개혁은 시장경제체제의 근본이 되는 법과 제도가 제대로 작동하도록 만드는 것이며, 시장경제체제 자체가 정립된 이후에야 전통적인 공정 거래 정책의 실행이 의미를 가지는 것이다. 전통적인 공정거래법 체계와 달리, 우리나라의 공정거래법에 재벌 관련 규제가 도입된 것도 시장경제체제의 정립이 우선적으로 필요한 우리의 현실을 반영하고 있는 것이다.

시장경제체제에 대한 몰이해를 보여 주는 주장은 재벌 문제를 개별 시장에서의 불공정 거래 행위에 대한 규제로 해결할 수 있다는 주장에만 그치는 것이 아니다. 마치 시장경제체제는 선험적 존재이고 개인의 사익 추구나 재벌의 소유 지배구조는 시장경제체제에서의 천부 인권처럼 신성시되어야 한다는 주장 또한 시장경제체제에 대한 몰이해에서 비롯된 것이다. 현대 시장경제체제가 확립되기 위해서는 사유재산권, 법치주의, 주식회사 제도와 같은 제도적 장치가 작동되어야 한다. 재벌세습과 경제력 집중이라는 재벌 총수 일가의 사익 추구는 시장경제체제에서 보호받아야 할 이기적 행위가 아니라, 시장경제체제 자체의 정립을 위해서 금지되어야만 하는 가장 근본적인 반시장경제체제적 행위이다.

재벌개혁은 궁극적으로 공정한 기회를 보장하고, 자유롭고 창의적인 기업 활동과 자신들의 능력과 노력에 따라 자신들이 원하는 바를 달성할 수 있다는 믿음을 주고, 성패를 깨끗이 받아들이고, 경쟁에서 뒤진 사람들에게도 최소한의 생활 수준을 보장해 줄 수 있는 '건전한 시장경제체제'가 실현될 수 있도록 하는 근간이 된다. 즉, 건전한 시장경제체제에서는 개인의 능력이 최대한 발휘되고, 기업가의 혁신 정신이 산업 발전과 역동성을 가져오고, 국민 경제가 지속적인 성장을 이루어 가면서도 모든 국민이 최소한의 복지를 누릴 수 있을 것인데, 재벌개혁은 이런 방향으로 나아가기 위한 첫걸음이고 기반이다.

그러나 건전한 시장경제체제가 재벌개혁만으로 달성될 수 있는 것은 아니다. 누구나 인간다운 최소한의 생활을 보장받을 수 있는 복지 정책, 정의롭고 효율적인 조세 정책, 개별 시장에서의 공정 거래 정책 등이 함께 작동될 때 건전한 시장경제가 만들어질 수 있을 것이다. 그런데 재벌개혁을 통해 시장경제체제의 근간이 되는 법과 제도를 정립하지 않고서는 복지 정책도, 조세 정책도, 공정 거래 정책도 사상누각이 될 수 있다. 재벌 문제를 회피하고 재벌개혁에 딴지를 걸 의도를 가졌는지 또는 단지 무지의 소산에서 비롯된 것인지는 알 수 없으나, 재벌개혁보다 복지 정책이 더 시급한 현안이라고 주장하는 것은 재벌 문제를 재벌 문제가 아닌 것으로 둔갑시키는 '신하'들의 요설만큼 해롭다.

재벌개혁만으로 건전한 시장경제체제라는 '약속된 땅promised land'이 실현되는 것은 아니다. 그렇지만, 최소한 재벌개혁이 이루어지지 않았을 때 발생할 최악의 상황은 모면하게 되리라는 것은 확실하다. 재벌세습과 경제력 집중의 심화는 재벌 총수 일가를 중심으로 한 사회적, 경제적 지위의 계급화를 가져오고, 재벌의 경제력 집중과 사회적, 경제적 지위의 계급화는 또한 경제의 활력을 저하시키고 사회적 불신을 확대시킬 것이다. 또 국가의 법과 제도가 국민 전체의 이익보다 특정 계급의 이익을 위해 해석되고 적용되고, 정치 민주주의는 형해화될 것이다. 재벌개혁을 하지 않으면 우리 사회가 장기적 경제 침체와 정치 불신과 불안정이라는 늪 속으로 빠지게 될 개연성이 높다. 이것은 단순히 상상이 아니다. 오늘날 저개발의 함정에 빠진 많은 국가들은 사회적, 경제적 지위의 계급화로 인해 경제가 활력을 잃고 형식화된 정치적 민주주의로 유지되는 나라들임을 알 수 있다. 재벌개혁 없이는, 경제 발전과 정치민주화를 동시에 달성한 우리나라가 다시 저개발 국가들이 당면한 것과 유사한 함정에 빠질 수 있음은 충분히 예견 가능하다.

그렇다면 재벌개혁의 결과, 재벌과 재벌 총수 일가는 어떤 변화를 겪게 될 것인가? 재벌개혁은 대규모 기업 집단 자체를 해산하자는 것도 아니고, 재벌 총수 일가의 재산을 몰수하자는 것도 아니다. 다만 삐뚤어지고 잘못된 것을 정상적이고 정당한 것으로 바꾸자는 것이다. 재벌개혁은 총수 일가가 건전한 주식회사 제도에서 대주주의 역할을 하도록 만들 것이다. 재벌세습과 경제력 집중이 불가능해진 상황에서 대주주는, 가장 능력 있는 경영자에게 기업 운영을 맡겨 가장 많은 이윤을 내는 것이 자신의 이익을 최대화하는 방법임을 받아들일 수밖에 없을 것이다. 이사회를 통해 경영자의 사적 이익을 통제하는 방법으로 대주주가 자신의 이익을 최대화하는 방안을 선택해 온 것이 여러 나라의 자본주의 발달 과정에서 나타난 보다 일반적 현상이다.

재벌개혁의 또 다른 축인 경제력 집중 억제는 가공자본을 통한 기업 집단의 사업 영역 확산을 막는 데 긍정적 역할을 하게 될 것이다. 대우그룹의 예에서도 볼 수 있었듯이, 부채경영과 가공자본을 이용한 '버블 경영'은 일정 수준 이상의 외적 충격에 기업 집단이 도산할 수 있는 위험도를 높인다. 순환출자 금지와 지주회사 규제의 정상화는 가공자본을 통한 '버블 경영'을 축소시키며, 동시에 기업 집단 스스로가 자신의 자본이라는 한계 내에서 어떤 사업에 집중할 것인지를 선택하게 한다. 한편 가공자본을 통해 '경영 참호'를 만들어, 외부의 기업 인수·합병 위협을 못 느끼는 기업 집단은 자기 혁신 동기를 상실하기 쉽다. 순환출자 금지와 지주회사 규제의 정상화는 기업의 경영 참호화를 방지하는 역할도 할 수 있다. 따라서 경제력 집중의 억제는 기업 집단의 가공자본을 통한 '버블 경영'의 문제도 완화시킬 뿐 아니라, 새로운 도전자들에게 공정한 경쟁을 할 수 있는 기회를 제공함으로써 경제 전반의 활력을 높일 수 있다. 나아가, 순환출자 금지와 지주회사 규제의 정상화는 기업 집단의 지배구조를 단순화, 투명화시킴으로써 책임 소재를 명확히 하고, 전통적인 회사법적 통제 장치가 작동할 수 있는 기반을 마련해 줄 것이다.

3 재벌개혁
성공할 수
있을 것인가?

성공적인 재벌개혁을 위한 정책들은 단순할 수가 없다. 그러나 지금까지 재벌 정책이 실패한 이유는 재벌 문제를 해결하기 위한 정책이 아니라 재벌 총수 일가에게는 그다지 아프지 않으면서도 국민에게는 뭔가 보여 주는, 그야말로 어정쩡한 규제들이었기 때문이다. 재벌 문제를 근본적으로 해결할 수 없는 재벌 규제는 오히려 재벌과 관계, 정치계, 법조계 사이에 거래를 통한 검은 유착을 도울 뿐이다.

대선이 치러지는 2012년 현재, 재벌개혁과 경제민주화가 주요 화두로 떠올라 있다. 재벌개혁 문제는 대선 이후의 신정부에서도 국정의 최우선 과제로 다뤄지게 될 것이다. 재벌개혁을 실천할 수 있는 철두철미한 준비 없이, 정치권에서의 논의가 단지 표를 얻기 위한 정치적 수사로만 귀착된다면, 결국은 실패한 재벌 정책의 재탕이 되고 말 것이다. 어정쩡한 재벌개혁을 내세우는 자들은 결국 국민을 우롱

하는 '벌거벗은 재벌님'의 '신하'일 뿐이다. 아니면 '신하'들의 요설과 그들이 조장하는 공포의 울타리에서 벗어나지 못한, 지도자가 되어야 할 기본 자질을 못 갖춘 사람들이다.

재벌세습과 경제력 집중이라는 특권을 지키기 위한 재벌 총수 일가와 '신하'들의 노력은 집요할 것이다. 최근 재벌개혁과 경제민주화가 포퓰리즘이라는 비판이 114명 대학교수들의 집단 성명으로도 표출되었다. 이분들이 재변 교수들인지 또는 소신을 표현한 것인지는 나로서는 알 길이 없다. 그러나 성명에서 이분들은 재벌과 대기업을 분간하지 못했다. 또 재벌 총수 일가의 세습 과정에서의 부도덕성과 기업의 부도덕성도 구별하지 못했다. 재벌개혁과 경제민주화의 의미를 추상적이고 불명확하게 만드는 것이야말로 재벌개혁과 경제민주화를 선동이라는 의미의 포퓰리즘으로 만드는 것이다.

제1부에서 이야기한 '신하'들의 요설은 여러 경로로 여러 사람들의 입을 빌려 국민들의 눈과 귀를 가리려 하고 있다. '신하'들의 요설은 궁극적으로 국민 경제를 인질로 삼는 협박으로 귀결될 것이다. "재벌개혁은 가뜩이나 어려운 경제를 더 어렵게 만든다"라든가 "재벌개혁보다 일자리 창출이 우선이다"라든가 "재벌개혁을 하면 외국 자본이 국내 기업을 인수해 국부가 유출된다"라는 협박성 경고들이 쏟아질 것이다. 그러나 재벌개혁은 한국 경제가 지속적으로 성장할 수 있는 기반을 만드는 것이기도 하다. 따라서 재벌개혁은 궁극적으로 일자리를 창출하는 정책이기도 하다. 외국 자본의 국내 기업 인수를 국부 유출이라고 주장하는 사람들이 동시에 시장경제와 개방

화를 주창하고 정부의 지나친 개입을 비판하기도 하는데, 이들은 자기가 하는 말이 무슨 의미인지조차 모르고 있음을 자백하는 것과 다름없다. 또 다른 한편에서는 이른바 종속론자들이 재벌과의 대타협론을 제기하면서 '신하' 아닌 신하 노릇을 하고 있다. 이처럼 논리적으로 모순되고 실증적으로도 잘못된 말까지 나오는 것은 오로지 수단과 방법을 가리지 않고 재벌개혁만은 막겠다는 절박함의 결과라고 생각된다.

재벌 총수 일가와 재벌의 사회적 영향력을 실감할수록 재벌개혁이 과연 성공할 수 있을까 하는 의구심을 가지게 된다. 특히 역대 정권들이 취임 초기에 재벌개혁을 주창하다가 나중에는 용두사미 격이 된 역사를 돌이켜 보면 그런 의구심이 더 커진다. 김대중 정부 시절에 이른바 '5+3' 원칙이 제시되었는데, 1998년 1월 김대중 당선자와 재벌 총수들이 합의한 경영 투명성 제고, 상호 보증 채무 해소, 재무 구조 개선, 업종 전문화, 경영자 책임 강화 등 5개항과 1999년 8·15 광복절 경축사에서 제시한 제2 금융권 경영 지배구조 개선, 순환출자 및 부당내부거래 억제, 변칙 상속 차단 등 3개 원칙을 지칭하는 것이다. 그러나 이 가운데 상호 지급 보증 해소와 재무 구조 개선 두 가지 정도만 지켜졌다고 평가될 뿐이며, 특히 재벌세습과 관련된 순환출자 및 부당내부거래 억제와 변칙 상속 차단은 전혀 진전되지 않았다. 오히려 김대중 정부에서는 금융 계열사의 의결권 행사 30% 허용, 출총제 예외 확대와 대규모 기업 집단 지정 제도 완화, 금융 계열사의 계열 기업 주식 보유 한도 완화, 증권 집단 소송

제도 도입 지연 등 재벌 규제가 완화되었다. "권력은 이제 시장에 넘어간 것 같다"고 토로한 노무현 정권에서는 금융 회사 계열 분리 청구제가 국정 로드맵에서 제외되었고, 출총제 적용 기업 집단 기준은 더 완화되고 출총제 한도는 확대되었으며, 금산법 제24조의 적용을 면제해 주는 부칙이 제정되는 퇴행이 이루어졌다.

재벌개혁의 긍정적 효과는 단기간에 나타나지 않는다. 이에 반해 재벌개혁을 좌초시키려는 재벌들의 사보타주와 새로운 정책 집행에 따른 초기 혼란은 즉각적으로 느낄 수 있다. 경기가 좋지 않으면 경기가 좋지 않으니 재벌개혁을 미루자 하고, 경기가 좋으면 잘되고 있는 경제에 충격을 주면 안 된다며 재벌과 '신하'들이 재벌개혁에 반대해 온 것이 지금까지의 이야기이다. 이런 주장들은 수술을 요하는 암 환자에게 수술에 따른 비용과 고통을 강조하면서 수술을 받지 말라고 권하는 것과 같다. 눈앞의 이익만 좇다가 결국은 돌이킬 수 없는 상황으로 우리 경제와 사회를 몰고 가는 것이다. 재벌개혁은 굳건한 원칙 위에서 부작용을 최소화하는 이행기적 조치를 통해 정책 집행 비용을 최소화함으로써 달성될 수 있다.

과거 독재 정권 시절에 민주화가 될 것이라고 말은 하면서도 자신이 없었던 적이 있다. 그러나 민주화가 올 것이라는 믿음과 민주화를 향한 끝없는 외침이 있었기에 오늘날 우리가 민주주의를 향유하고 있다. '벌거벗은 임금님'이 벌거벗었다고 외친 아이가 있어 사람들이 진실을 보게 되고 진실이 승리하게 되었다는 이야기가 동화 속의 이야기일 뿐이라고 생각하지 않는다. 재벌 문제를 있는 그대로 보여 주고 재벌개혁이 어떻게 되어야 하는지를 외치는 심정으로 이 글을 쓴다. 이 외침으로 국민들이 재벌 문제와 재벌개혁을 똑똑히 인식하는 데 도움이 된다면, 재벌개혁은 성공할 수 있을 것이라고 믿는다.

더 늦기 전에 재벌개혁이 이루어지는 것은 국민들에게만 좋은 것이 아니다. 재벌세습과 경제력 집중의 심화가 재벌 총수 일가를 중심으로 한 견고한 계급화를 달성하고 결국은 누구도 넘볼 수 없는 지위를 재벌 총수 일가가 누릴 것이라고 기대한다면, 그것은 오산일 수 있다. 달도 차면 기운다. 사회적, 경제적 지위의 계급화는 사회 양극화를 심화시키고 경제의 활력을 떨어뜨리고 결국은 체제를 불안정하게 할 것이다. 재벌 총수 일가의 탐욕은 우리 경제와 정치를 위기로 몰고 갈 뿐 아니라, 궁극적으로 자신들도 돌이킬 수 없는 함정에 빠뜨릴 수 있다. 장기적으로 유지될 수도, 유지되어서도 안 될 기형적 재벌 경제체제에 대한 환상을 버려야 한다. 건전한 시장경제 체제에서 그들이 스스로 기업의 대주주로 자리 매김하는 것이 결국 국민도 재벌 총수 일가도 모두 윈-윈 win-win 하는 것이다.

벌거벗은 재벌님
위기의 한국 경제와 재벌개혁, 올바른 해법을 찾아서

1판1쇄 인쇄 | 2012년 12월 5일
1판1쇄 발행 | 2012년 12월 12일

지은이 | 박상인
펴낸이 | 전형배

펴낸곳 | 도서출판 창해
출판등록 | 제9-281호(1993년 11월 17일)

주소 | 121-869 서울시 마포구 연남동 509-16 동서빌딩 2층
전화 | 070-7165-7500, 02-333-5678
팩스 | 02-322-3333
E-mail | chpco@chol.com

ⓒ 박상인, 2012
ISBN 978-89-7919-991-8 03320